آیا سرنوشت زن را
ساختار بدنش تعیین می‌کند؟

سرشناسه	:	رید، اولین، ۱۹۰۵ - ۱۹۷۹م. Reed, Evelyn
عنوان و نام پدیدآور	:	آیا سرنوشت زن را ساختار بدنش تعیین می‌کند؟/ اولین رید ؛ ترجمه‌ی مسعود صابری.
مشخصات نشر	:	تهران : طلایه پرسو، ۱۳۹۷.
مشخصات ظاهری	:	۷۲ص.؛ ۵/۲۱×۵/۴۱س‌م.
شابک	:	۹۷۸-۹۶۴-۵۷۸۳-۴۸-۶
وضعیت فهرست نویسی	:	فیپا
یادداشت	:	عنوان اصلی : Is biology woman's destiny?
یادداشت	:	کتاب حاضر نخستین بار تحت عنوان "آیا بیولوژی سرنوشت زن است؟" با ترجمه‌ی فتاح محمدی توسط انتشارات هزاره سوم در سال ۱۳۸۲ ترجمه و منتشر شده است.
عنوان دیگر	:	آیا بیولوژی سرنوشت زن است؟.
موضوع	:	فمینیسم -- مقاله‌ها و خطابه‌ها
موضوع	:	Feminism -- Addresses, essays, lectures
موضوع		زنان و سوسیالیسم
موضوع	:	Women and socialism
شناسه افزوده	:	صابری، مسعود، ۱۳۳۰ - ، مترجم
رده بندی کنگره	:	HQ ۱۱۲۲/۹آ۸۶ ۱۳۹۷
رده بندی دیویی	:	۳۰۵/۴۲
شماره کتابشناسی ملی	:	۵۴۷۴۷۴۸۶۸

آیا سرنوشت زن را ساختار بدنش تعیین می‌کند؟

اِولین رید

نشر طلایه پُرسو

این اثر ترجمه‌ای است از:
Is Biology Woman's Destiny?
by
Evelyn Reed
Fourteenth printing 2018 / ISBN 978-0-87348-258-5

آیا سرنوشت زن را ساختار بدنش تعیین می‌کند؟

اثر : اِولین رید
ترجمه‌ی: مسعود صابری
ناشر: نشر طلایه پُرسو
تیراژ: ۱۰۰۰
نوبت چاپ: اوّل / ۱۳۹۷
حروف چینی: طلایه پُرسو
چاپ و صحافی: طرح و نقش نوین

ntalaye_p@yahoo.com/info@talayeporsoo.com
www.talayeporsoo.com
آدرس ناشر: تهران، صندوق پستی ۳۴۳ـ ۱۳۹۵۵
تلفکس: ۴۴۶۹۱۲۳۴ ـ ۶۶۰۳۹۶۲۳ـ ۰۲۱
تهران- خیابان آزادی- خیابان حبیب‌اله - بلوار شهید تیموری - کوچه ابراهیمی - کوچه خورشید - پلاک۶ - طبقه ۱

شابک ۶-۴۸-۵۷۸۳-۹۶۴-۹۷۸

۱۲۰۰۰ تومان

فهرست مطالب

مقدمه

امروزه حقوق زنان [در ایالات متحده] تحت حمله‌ی شدید حکومت، کارفرمایان و نیروهای دست راستی قرار گرفته است.

کنترل زنان بر بدن خود، حقی که از طریق مبارزات زنان در اوایل دهه‌ی ۱۹۷۰ در ایالات متحده کسب شد، به شکل افزاینده‌ای توسط مجالس قانون‌گذاری در سطح فدرال، ایالت و منطقه‌ای و از طریق احکام دادگاه‌ها محدود می‌شود. دار و دسته‌های دست راستی موجی از بمب‌گذاری را علیه درمانگاه‌ها آغاز کرده‌اند و تلاش می‌کنند تا با ایجاد رعب و وحشت مانع از آن شوند که زنان در شرایط ایمن به عمل ساده‌ی طبیِ سقط دسترسی داشته باشند.

سیاستمداران احزاب دموکرات و جمهوری‌خواه در سال ۱۹۸۲ باعث شدند الحاقیه‌ی فدرال برای تأمین حقوق مساوی برای زنان[1] شکست بخورد.

کاهش بودجه‌ی خدمات اجتماعی موجب شده است بسیاری از مهدکودک‌ها، که پیش از این نیز از امکانات مناسبی برخوردار نبودند، در این کشور [ایالات متحده] تعطیل شوند.

1. Equal Rights Amendment

اقدامات ترجیهی به منظور تضمین آنکه زنان در یافتن شغل و هنگام اشتغال از فرصت‌های همسان با مردان برخوردار شوند در حال تحلیل رفتن است. حکومت و کارفرمایان پیوسته زنان را به موقعیت‌های شغلی با دستمزد پایین‌تر سوق می‌دهند.

کارفرمایان اَعمال ایذایی جنسی علیه زنان در محل کار را ترغیب می‌کنند تا آنان را مرعوب و مطیع نگاه دارند. مزایای بارداری را به تدریج حذف می‌کنند.

این‌ها همه بخشی از تهاجم کلی کارفرمایان علیه حقوق و سطح زندگی زحمتکشان و ستمدیدگان است.

هدف تهاجم کارفرمایان و دولت علیه زنان این نیست که آنان را از نیروی کار حذف کنند، بلکه می‌خواهند آنان را مجبور سازند دستمزد کمتر و سطح زندگی پایین‌تری را پذیرا شوند. سرمایه‌داران سعی دارند کارگران را، خواه مرد یا زن، متقاعد سازند که زنان در هر صورت کارگران "واقعی" نیستند، بلکه آنان صرفاً "کمک خرجی" و "درآمد دوم" و از این قبیل دریافت می‌کنند. چنان‌چه یک زن از کار اخراج شود، کارفرمایان ادعا می‌کنند چنین امری نباید در محاسبات بیکاری منظور شود، آن‌گونه که بیکاری مردان، به عنوان تأمین کننده‌ی اصلی معاش، محسوب می‌شود.

هدف حمله، زن به عنوان یک جنسیت است . چه آنان که امروز شاغل‌اند و چه آنان که نیستند. در زمانی که فشارهای اقتصادی و اجتماعی بر زحمتکشان و خانواده‌های آنان در حال انباشته شدن است، سرمایه‌داران همچنین ماشین طبقاتی خود را هندل می‌زنند تا جایگاه زنان به عنوان شهروندان درجه‌ی دوم را توجیه کنند.

با توجه به اینکه بیش از ۵۰ درصد زنان امروزه شاغل و تعداد کثیری از آنان مادران مجرد هستند، دیگر تبلیغات حاکمان جامعه نمی‌تواند بر شعار ارتجاعی و قدیمی "جای زن در خانه است" متکی باشد. آنان

می‌گویند که اشکالی ندارد زنان کار کنند، اما، مسئولیت اصلی او همان کارهای خانه، شوهرداری و نگهداری از خانواده باقی می‌ماند. افتخارات مادر شدن تمجید می‌شود. زنان دو شیفت کار می‌کنند؛ شیفت دوم هنگامی آغاز می‌شود که از سر کار به منزل برمی‌گردند.

مطبوعات بزرگ تجاری، کلیساها و مراکز تحصیلی، همه به اشاعه‌ی این تبلیغات ضدِ زن کمک می‌کنند. هیأت‌های حاکمه همچنین خدمات دانشمندان را می‌طلبند، دانشمندانی که از اعتبار خود بهره می‌گیرند تا تعصبات ارتجاعیِ اجتماعی و سیاسی را در لفافه‌ی ردای شبه‌علمی خود استتار کنند. اخیراً، برای مثال، یک دانشمند صاحب‌نام، در صحبت خود در خصوص تفاوت‌های موجود میان زن و مرد نوشت: "این کاملاً منطبق بر بیولوژی است که کسب و کار و امور تخصصی به مذاق (مردان) شیرین‌تر می‌آید، حال آنکه خانه و نگهداری از کودکان به مذاق زنان شیرین‌تر می‌آید."

این‌گونه تئوری‌های قلابیِ زیست‌شناسی[1] و مردم‌شناسی[2] بر سر زبان‌ها انداخته می‌شود تا "ثابت شود" ژِن‌ها هستند که نقش اجتماعی زنان و مردان را امروزه تعیین می‌کنند - و اینکه همیشه این گونه بوده است و چنین خواهد ماند. این گونه تبلیغات شبه‌علمی به‌کار گرفته می‌شود تا نه تنها ستم‌کشیدگی زنان خردپذیرانه جلوه داده شود، بلکه نژادستیزی نیز ترویج شود، ادعا شود که نابرابری طبقاتی بخشی از "نظم طبیعی" است و توجیه خلقت به گونه‌ای که انجیل بیان می‌کند در مقابل عقاید مبتنی بر علم در خصوص منشأ و تکامل انسان قرار داده شود.

انتشارات پاث‌فایندر این جزوه‌ی اِولین رید را، که وی در سال ۱۹۷۲ به رشته‌ی تحریر درآورد، تجدید چاپ می‌کند تا ابزاری باشد برای

1. biological
2. anthropological

کمک به همه‌ی کسانی که علیه ضربات سهمگین وارده بر زنان مبارزه می‌کنند. این جزوه پاسخ محکمی است به یکی از جدل‌های بنیادینی که سنگ زیربنای همه‌ی تبلیغات زن‌ستیز است - اینکه سرنوشت زن را ساختار بدنش تعیین می‌کند.

اِولین رید، که در سال ۱۹۷۹ درگذشت، سال‌ها یکی از رهبران حزب کارگران سوسیالیست [ایالات متحده] و در دهه‌های ۱۹۶۰ و ۱۹۷۰ یکی از سخنگویان شاخص جنبش فمینیستی بود. او یکی از مؤسسان ائتلاف سراسری زنان برای دفاع از حق سقط[1] بود؛ سازمانی که در مبارزه برای قانونی کردن سقط نقش مهمی داشت و تا آنجا پیش رفت که به مصوبه‌ی ۱۹۷۳ دیوان عالی انجامید. اِولین رید همچنین مؤلف مقالات، جزوات و کتب بسیاری در زمینه‌ی آزادی زنان است.

کار شاخص او، سیر تکامل زن، مباحث مطرح شده در این نوشته را شرح و بسط می‌دهد. از زمان انتشار کتاب سیر تکامل زن در سال ۱۹۷۵، این کتاب منبعی برای آموزش و الهام‌بخش بسیاری از فمینیست‌ها و حامیان حقوق زنان در ایالات متحده و سراسر جهان بوده و به زبان‌های فرانسه، اسپانیایی، سوئدی، ترکی استانبولی و فارسی ترجمه شده است.

انتشارات پاث‌فایندر همچنین دو کتاب دیگر به قلم همین نویسنده - مسایل آزادی زنان و زن ستیزی و علم را منتشر کرده است. اِولین رید همچنین نویسنده‌ی مقدمه‌ی کتاب منشأ خانواده، مالکیت خصوصی و دولت به قلم فردریک انگلس[2]، ویرایش پاث‌فایندر، است.

سونیا فرانتا[3]

ژوئن ۱۹۸۵

---

1. Women’s National Abortion Action Coalition (WONAAC)
2. Frederick Engels
3. Sonja Franeta

آیا سرنوشت زن را ساختار بدنش تعیین می‌کند؟

بسیاری از زنانی که در جنبش آزادی زن فعالند، بخصوص آنان که کتاب [فردریک] انگلس، منشأ خانواده، مالکیت خصوصی و دولت(۱) را خوانده‌اند درک کرده‌اند که ریشه‌های تحقیر و ستم‌کشیدگی زنان در جامعه‌ی طبقاتی نهفته است. آنان به درستی واژه‌ی "زن‌ستیزی"[1] را برای تشریح نظام اجتماعی سرمایه‌داری - آخرین مرحله‌ی جامعه‌ی طبقاتی - ابداع کرده‌اند، چون این نظام در تمامی جنبه‌های زندگی علیه زنان تبعیض قایل می‌شود.

اما، آنچه زنان در موردش نامطمئن باقی مانده‌اند، این است که آیا ساختار بدن زن در تقلیل موقعیت او به "جنس دوم" و حفظ این وضعیت نقشی داشته است، یا خیر. این‌چنین عدم قطعیتی، در یک جامعه‌ای که تحت تسلط مردان قرار دارد، کاملاً قابل درک است. زیرا، نه تنها در این جامعه تاریخ را کسانی می‌نویسند که حفظ شرایط موجود را بر عهده دارند، بلکه همه‌ی علوم را قبضه کرده‌اند. از این میان، دو علم زیست‌شناسی و

---

1. sexist

مردم‌شناسی برای شناخت زنان و تاریخشان اهمیت درجه‌ی اول را دارند. هر دوی این‌ها آنچنان متعصبانه به نفع جنس مذکرند که بجای آشکار ساختن حقایق مربوط به زنان، بیشتر بر آن‌ها سرپوش می‌گذارند.

شاید بتوان گفت که زیان‌بخش‌ترین تبلیغات شبه‌علمی درباره‌ی فرودستی جنس مؤنث تحت لوای علم زیست‌شناسی صورت گرفته است. طبق نظرات افسانه‌پردازان این خطه از دانش، جنس مؤنث به لحاظ ساختار بدنی و وظایف مادری، موجود معیوبی است. گفته می‌شود که این ضعف میراث دنیای وحوش است و باعث شده که جنس مؤنث ضعیف، بی‌دفاع و وابسته به جنسِ مذکر باشد که برتر است و می‌تواند مایحتاج جنس مؤنث و بچه‌هایش را تأمین کند. به عبارت دیگر، طبیعت به عنوان عامل فرودستی ابدی و محتوم جنس مؤنث عنوان می‌شود.

واضح است که جنس مؤنث از نظر فیزیکی با جنس مذکر تفاوت دارد، بدین لحاظ که فقط جنس مؤنث است که عضو زنانه برای زاد و ولد و مادر شدن را داراست. اما، این صحیح نیست که طبیعت مسئول ستم‌کشیدگی زنان است. این خفت صرفاً ماحصل نهادهای ساخته شده به دست انسان و ناشی از قوانین جامعه‌ی تقسیم شده به طبقات و پدرسالار است و به هیچ وجه در جوامع اولیه‌ی بی‌طبقه و در دنیای وحوش این گونه نبوده است.

این تحریف تاریخ طبیعی و تاریخ اجتماعی به منظور تبرئه‌ی جامعه‌ی مبتنی بر تبعیض جنسی اشاعه داده شده است. بدین ترتیب، ستم‌کشیدگی زنان، بر مبنای ساختار بدنشان، توجیه می‌شود. تبعات آن واضح است: چرا زنان باید علیه ستم‌کشیدگی خود مبارزه کنند و طالب آزادی خود باشند، در صورتی که مشکلاتشان از ساختار بدنشان، که ریشه‌ی ژنتیکی دارد، نشأت می‌گیرد؟ اگر زنان نتوانند ساختار بدن خود را تغییر دهند، در این صورت آیا تغییر جامعه کار عبثی نیست؟ این

مضمون با توسل به همه‌ی ابزار موجود، از گهواره تا گور، همچو طبلی بر گوش ما نواخته شده است. اگر اکاذیبی را که مردانِ برتری‌طلبی تحت عنوان علم مطرح می‌کنند باور کنیم، در این صورت سرنوشت محتوم زنان را ساختار بدنشان تعیین کرده و بهتر است زنان این موضوع را تشخیص دهند و به آن تسلیم شوند.

در حقیقت، گفتن اینکه سرنوشت زن را ساختار بدنش تعیین می‌کند همان قدر غلط است که سرنوشت مرد را. این برداشت انسان را به سطح حیوانات تنزل می‌دهد. چون اگر زنان صرفاً ابزاری برای زاد و ولد هستند، پس مردان هم چیزی جز اسباب تخم‌کِشی نیستند. چنین نزول شأنی وجوه تمایز سرنوشت‌ساز میان انسان و حیوان را از بین می‌برد. انسان‌ها، فراتر از همه چیز، موجودات اجتماعی هستند که از دیر باز خود را از منشأ حیوانی خود و شرایط زندگی منتج از آن جدا ساخته‌اند. برای درک تفاوت‌های موجود میان جنسیت زن و مرد، بگذارید ابتدا به وجوه بارز تفکیک‌کننده‌ی انسان از حیوانات بپردازیم. همین وجوه تمایز است که از انسان موجود کاملاً نوین و منحصر به فرد و متمایز از سایر حیوانات می‌سازد.

انسان‌ها، گونه‌ای منحصر به فرد

از همان زمانی که داروین نشان داد که نوع بشر از میان شاخه‌ای از انسان‌نماهای تکامل‌یافته‌تر پا به عرصه‌ی وجود گذاشت، در مورد وجوه مشترک انسان و حیوانات، پژوهش‌های زیادی انجام شده است. اما، به طور کل در مورد موضوعی که بسیار پر اهمیت‌تر است مطالعات چندانی انجام نشده است. و آن شناخت وجوه تمایز فراوان میان نوع بشر و حیوانات است که از ما موجودی یگانه و برتر از همه‌ی جانوران ساخته است.

مارکسیست‌ها سرچشمه‌ی اصلی این یگانگی را مشخص کرده‌اند.

و آن عبارت است از قابلیت انسان در کار کردن و تولید ضرورت‌های زندگی. هیچ گونه‌ای از حیوانات این کار را نمی‌کند. "نظریه‌ی کار" به عنوان سرچشمه‌ی پیدایش انسان را انگلس نخستین بار در مقاله‌ی "نقش کار در گذار انسان‌نما به انسان" مطرح کرد.

امروزه صاحب‌نظران پیشتازی در باستان‌شناسی و مردم‌شناسی، نظیر شروود واشبُرن، ویلیام هاولز، کِنِت اُکلی، وی. گوردون چایلد و سایرین[1]، ابزارسازی را ملاک وجه تمایز انسان از حیوانات می‌دانند. واشبُرن مطلب را این گونه جمعبندی می‌کند: "توفیق ناشی از ساختن ساده‌ترین ابزارها بود که کل روند تکامل انسان را آغاز کرد و به تمدن امروزی منجر شد."(۲) گوردون چایلد نیز نظریات انگلس را این گونه تأیید کرد: "باستان‌شناسی دوران ماقبل تاریخ نشان می‌دهد که چگونه انسان با کار به نوع بشر ارتقا یافت ..."(۳)

آنان که فعالیت‌های کاری را کم‌اهمیت جلوه می‌دهند، اغلب خود را با این مطلب راضی می‌کنند که انسان‌نماها نیز از اشیای طبیعی به عنوان ابزار استفاده می‌کنند و بنابراین نمی‌توان استفاده از ابزار را به عنوان عامل بنیادین انسان شدن دانست. اما نکته اینجاست، به رغم اینکه یک انسان‌نما چقدر در بکارگیری دست‌هایش هوشمند شود و در قفس می‌توان به آن‌ها یاد داد که کارهای زیادی را انجام دهند - هیچ نوعی از حیوانات، از جمله نخستی‌ها، قادر نیستند ابزارساز شوند. هیچ گونه تقسیم کاری بر مبنای جنسیت در میان نخستی‌ها یافت نمی‌شود و هیچ گونه‌ای از جانوران ماقبل انسان برای بقای حیات خود به فعالیت‌های نظام‌یافته‌ی کاری وابسته نیست. ایی آدامسون هوبل[2]

1. Sherwood Washburn, William Howells, Kenneth Oakley, V. Gordon Childe
2. E. Adamson Hoebel

می‌گوید: "دست‌ها که بتوان با آنها چیزی را برداشت و بازوها برای آنکه بتوان غنایم خوردنی را به دهان رساند، کافی بودند. این تکنیک منسوبین انسان‌نمای ما بود."(۴)

درست برعکس، سرنوشت انسان آنچنان با فعالیت‌های کاری گره خورده است که اگر این قابلیت تولیدی از دست برود، به سرعت به عنوان یک گونه تلف خواهیم شد. بنابراین، کار، سبک نوینی از تداوم حیات و رشد و توسعه را برای گونه‌ای خاص، یعنی نوع بشر، به ارمغان آورده است. ما صرفاً نیازمندی‌های زندگی را باز تولید نمی‌کنیم، بلکه مولد آنها هستیم.

اهمیت تولید را می‌توان از تغییرات بنیادینی دریافت که کار میان انسان و طبیعت ایجاد کرده است. اساساً حیوانات برده‌ی طبیعت و مطیع نیروهای بیولوژیکی و فرآیندهایی هستند که هیچ کنترلی بر آن‌ها ندارند. انسان‌ها این رابطه را معکوس کرده‌اند. انسان‌ها، با کار، طبیعت را تحت نفوذ خود در آورده‌اند. به عبارت دیگر، یک گونه، انسان، نه تنها از کنترل مستقیم بیولوژیکی خود را آزاد کرد، بلکه حاکم پیشین خود، یعنی طبیعت را نیز تحت کنترل در آورد. این مطلب برخی اوقات چنین بیان می‌شود که تاریخ حیوانات برایشان از قبل نوشته شده و فقط انسان‌ها تاریخ را به دست خویش می‌سازند.

همراه با رام کردن طبیعت، انسان نیازهای جدیدی پیدا کرد، این یکی دیگر از ویژگی‌هایی است که در دنیای حیوانات نمی‌توان یافت. در حالی که حیوانات هنوز در قید رفع و رجوع نیازهای دیرینه‌ی طبیعیِ ارتزاق و تولیدمثل هستند، انسان‌ها یک سری از نیازهای پایان‌ناپذیر جدید را پرورانده‌اند، که همه‌ی آن نیازها از نظر فرهنگی (حداقل از نظر پیچیدگی) بالاترند. به عنوان مثال، از وجود نخستین تبرِ بی‌دسته، نیاز برای ساختن تبرِ دسته‌دار پیش آمد. از وجود چوب خام برایَ شخم زدن زمین، نیاز برای

اختراع خیش پیش آمد. چرخ ساده‌ی دستی و دوک ریسندگی، به پیدایش صنعت پیچیده‌ی ریسندگی منجر شد. نیازهای ساختمانی از کلبه‌های نی‌پوش به ساختن کارخانه‌ها و آسمان‌خراش‌ها انجامید. با پیدایش نیازهای جدید برای ترابری سریع بعد از انقلاب صنعتی، گاری پشت سر گذاشته شد و به ساختن قطار، اتومبیل، هواپیمای جت و فضاپیما انجامید.

نیازهای فرهنگی گوناگون در عرصه‌های آموزش، هنر و علوم، به عنوان جزیی از فعالیت‌های جدید و ارتباطات انسان‌ها در حیات اجتماعی، مطرح شدند. حتی نیازمندی‌های اولیه‌ی بیولوژیکی به غذا و نیازهای جنسی اصلاح شدند و در زندگی انسان تغییر شکل پیدا کردند. انسان‌ها کارهای تغذیه، انتخاب جفت و زاد و ولد را مشابه حیوانات انجام نمی‌دهند، بلکه، بر مبنای استانداردهای فرهنگی خود عمل می‌کنند. همان گونه که مارکس نوشت: "گرسنگی، گرسنگی است؛ اما، گرسنگی‌ای که با گوشت پخته و بوسیله‌ی قاشق و چنگال رفع می‌شود، با گرسنگی‌ای که از طریق بلعیدن گوشت خام با کمک دست، ناخن و دندان، دریده و بلعیده می‌شود، متفاوت است."[۵]

انسان‌ها به همراه ایجاد تغییرات گسترده در دنیای برونی و محیط زیست خود، تغییراتی با همان اهمیت را در طبیعت درونی خود ایجاد کردند. اغلب اشاره می‌شود که انسان‌ها، در شکل ظاهری، پوشش بدن خود را که پر از مو بود و سایر ویژگی‌های میمون‌وار خود را بیرون انداختند. اما مهم‌تر از آن، از دست دادن غرایز حیوانی بود که آن را با طبیعت اجتماعی متمدن و انسانی جایگزین کردند. امروزه ما تقریباً همه‌ی غرایز حیوانی خود را، که نقطه‌ی شروع ما بود، از دست داده‌ایم - این غرایز با رفتارهای اکتسابی از طریق تعلیم و تربیت جایگزین شده‌اند.

این مرور کوتاه بر برخی از وجه تمایزات سرنوشت‌ساز نوع بشر نسبت به سایر گونه‌ها دست رد به نظریه‌ای می‌زند که معتقد است

انسان‌ها "چیزی جز" حیوانات حیله‌گری نیستند. بسیار دقیق‌تر خواهد بود اگر بگوییم در حالی که ویژگی‌های بیولوژیک خاصی از ما و حیوانات یکسان است، اما خود را به سطحی بالاتر از وجود محدود آن‌ها ارتقا داده‌ایم. ما از طریق فعالیت‌های تولیدی و نیروهای اجتماعی خود شکل گرفته‌ایم و دگردیس شده‌ایم، به نحوی که دیگر بردگان ساختار بیولوژیکی خود نیستیم. همان‌طور که مارشال سالینز[1]، مردم‌شناس (انتروپالوژیست) اهل میشیگان، می‌گوید: "آزاد شدن جامعه‌ی بشری از کنترل مستقیم بیولوژیکی، تحول عظیمی بود ... فرهنگ است که حیات اجتماعی انسان را تعیین می‌کند، نه بیولوژی."[۶] این نقطه‌ی شروع ابطال افسانه‌ای است که می‌گوید سرنوشت زن را ساختار بدنش تعیین می‌کند. با شروع از این فرض اولیه، اجازه دهید مطلبی را بررسی کنیم که من آن را "نظریه زهدان" می‌نامم.

"نظریه‌ی زهدان" به عنوان مظهر فرودستی جنس مؤنث

زیست‌شناسی، همانند مردم‌شناسی، علم جوانی است و به همان اندازه هم می‌تواند در مواردی که به پیامدهای اجتماعی و سیاسی عظیمی منجر می‌شود، غلط تفسیر شود یا به نتیجه‌گیری‌های سطحی و حتی صرفاً به دروغ‌پردازی فاحش بینجامد. این موضوع، کشف حقایق درباره‌ی جنس مؤنث را به طور مضاعف مشکل می‌سازد. زیرا بسیاری از زیست‌شناسان و نیز مردم‌شناسان در دام ایدئولوژی سرمایه‌داری گرفتار شده‌اند. آنان فرض را بر این می‌گذارند که چون زن با یک زهدان متولد می‌شود، هرگز قادر نخواهد بود خود را از کنترل مستقیم بیولوژیکی برهاند و باید تا ابد برده‌ی عملکردهای تولیدمثل خود باقی بماند.

1. Marshall Sahlins

این "نظریه زهدانِ" فرودستی جنس مؤنث به همان میزان قضیه‌ی پیامد آن، "نظریه قضیبِ" برتری جنس مذکر، فاقد ارزش است. به دلایل شگفت‌آور و توجیه نشده‌ای، چنین فرض می‌شود که این اعضای تولیدمثل، سرنوشت سایر توانمندی‌های هر دو جنس را تعیین می‌کنند. زن، گویا به دلیل عملکرد زهدانش، کودن شد و نتوانست مغز، استعداد و توانمندی‌های فرهنگ والاتر را در خود پرورش دهد. مرد، از طرفی، با عضلات برجسته‌ی اعضای تناسلی‌اش، در مقابل زهدان سرافکنده، توانست استعداد فراگیری و توانمندی‌های ناشی از آن را در خود پرورش دهد. هر دوی این فرضیات، افسانه‌اند، نه علم.

در واقع، در دنیای حیوانات، جنس مذکر است که مشکل دارد، نه جنس مؤنث. این بخاطر منش‌های تخریبی جنس مذکر در طبیعت است. آن گونه که تاریخ گواهی می‌دهد، جنس مذکر برای دسترسی به ماده‌ها با همجنسان خود رقابت می‌کند و می‌جنگد. گرچه اغلب نام این را "حسادت" می‌گذارند. اما آن گونه که ما این واژه را بکار می‌بریم، حسادت نیست، یعنی علاقه‌ی دستیابی به یک ماده‌ی خاص نیست. بلکه، غریزه‌ای خام و پرخاشگرانه است که با هیچ گونه احساس ترجیح یک ماده‌ی بخصوص و یا احساس توأم با مهر و عطوفت نیست، بلکه جنس مذکر به دنبال دسترسی به هر ماده‌ای و همه‌ی ماده‌هاست. در برخی حیوانات، نرها صرفاً بر سر تصاحب جفت با یکدیگر می‌جنگند؛ در برخی دیگر از گونه‌ها حتی در شرایطی هم که ماده‌ای نیست با هم می‌جنگند. همان گونه که سِر سالی ذوکرمن[1] می‌گوید: "پرخاشگری حیوانات در فصل جفت‌گیری، بیانی است از شرایط فیزیکی آن‌ها و الزاماً حضور ماده‌ها در پیدایش آن نقشی ندارد."(۷)

1. Sir Solly Zuckerman

به خاطر این منش مبارزطلبی جنس نر، حیوانات نر انزواطلب و فردگرا هستند و نمی‌توانند در دسته‌های تعاون و مساعدت با یکدیگر گردهم آیند. در بهترین حالت، آن‌ها ممکن است حضور یکدیگر را در فضای مشترک برای تغذیه و جفت‌گیری تحمل کنند. در برخی گونه‌ها، نظیر حیوانات گوشتخوار بزرگ جثه، نرها ولگردهای انفرادی هستند. این ضعف طبیعی نرها در همکاری با یکدیگر، تا جایی که به موضوع ایجاد ارتباطات گروهی مربوط می‌شود، نقص جدی است.

ماده‌ها، از طرفی دیگر، به شکرانه‌ی وظایف مادریشان، این مشکل را ندارند. مادرها با نوزادانشان گروه‌های مادر- فرزندی را تشکیل می‌دهند که تعاون بر آن‌ها حاکم است و روابط والد- فرزندی در این گروه‌ها فرصت رشد می‌یابد. در برخی گونه‌ها، نظیر نخستی‌ها، حتی در میان ماده‌شیرها تعدادی از ماده‌ها با زادگانشان در گروه مادر - فرزند بزرگ‌تری دورهم جمع می‌شوند. علاوه بر این‌ها، در حالی که حیوان نر فقط باید نگران مبارزه برای تنازع بقا خود باشد، ماده بر حسب عواطف مادری‌اش باید هم برای زادگانش غذا فراهم کند و هم برای خود. از طریق تمرین دایمی این عملکردهای گروهی، معمولاً ماده‌ها هستند که باهوش‌تر، خردمندتر، زیرک‌تر و توانمندتر می‌شوند، نه نرها. این را شکارچی‌ها تشخیص داده و ماده‌ها را، به خصوص آن‌ها که توله دارند، جنس خطرناک‌تر می‌شمارند و احتیاط‌های لازم را به خرج می‌دهند. این هوشیاری و شعور ماده‌ها در پیشرفته‌ترین پستانداران به عالی‌ترین سطح خود می‌رسد - زیرا آنجاست که فعالیت‌های مادری و نگهداری از توله‌ها طولانی‌ترین دوران را دارد - و در نخستی‌ها به اوج خود می‌رسد. حتی رابرت آردری[1]، طرفدار سرسخت برتری مردان،

1. Robert Ardrey

معترف است که "همگام با سیر صعودی هر سلسله‌ای از حیوانات نسبت به سلسله‌های دیگر، قدرت جنس ماده نیز پا به پای آن رو به افزایش می‌نهد.... آشفتگی فکری جنس مذکر از دیرباز منشأ قدرت جنس مؤنث بوده است."(۸) رابرت بریفالت[1]، صراحتاً حیوانات نر را احمق‌تر از حیوانات ماده می‌داند.

این ملاحظات نشان می‌دهند که در طبیعت هیچ گونه پایه‌ای برای فرودستی جنس مؤنث بر مبنای "نظریه زهدان" وجود ندارد. اگر هم مطلبی باشد، حاکی از بذل توجه طبیعت به جنس مؤنث است. زیرا بقای گونه‌ها بر محور جنس مؤنث می‌چرخد. پیشبرد وظایف مادری باعث شد جنس مؤنث در مبارزه برای تداوم حیات در موقعیت بهتری قرار گیرد. این موجب شد آن شاخه‌ای از انسان‌نماها، که ما به آن تعلق داشتیم، از طریق فعالیت‌های کاری، تنازع بقای طبیعی را پشت سر بگذارد و به تنازع بقای انسانی برسد. در مسیر تبدیل انسان‌نما به انسان، جنس مؤنث بود که رهبری را بر عهده داشت، نه جنس مذکر. جنس مؤنث، که از قِبَل توانمندی‌ها و ظرفیت همکاری، خود را رشد و نمو داده بود، زندگی مولد را آغاز کرد و بدین ترتیب پیدایش گونه‌ی جدید و منحصر به فرد نوع بشر را بنیان نهاد.(۹)

به همین دلیل است که از میان دسته‌های مادر_نوزادان در دنیای حیوانات، نظام مادرطایفه‌ای یا "مادرسالاری" دنیای بشر پا گرفت. فقط در جامعه‌ی طبقاتی پدرسالار، که یک میلیون سال بعد از تولد گونه‌های انسان پدید آمد، زن به سطح حیوانات تنزل داده شد. مجبورش کردند وجود خود را صرف فعالیت‌های مادری‌اش کند، به قیمت از دست دادن ارزش‌های والاتر انسانی که از طریق زندگی اجتماعی

---

1. Robert Briffault

رشد و نمو می‌کند. در جامعه‌ای که بر مبنای مالکیت خصوصی، نهاد خانواده و برتری جنس مذکر، پایه‌گذاری شده بود، موهبت طبیعی زن - عملکردهای زهدانی و مادری‌اش - به زنجیری برای استثمار و ستمی تبدیل شدند که امروزه بر او تحمیل شده است. اما، این شرایط ساخته دست بشر است، نه طبیعت.

آنان که بر "نظریه‌ی زهدان" فرودستی جنس مؤنث صحّه می‌گذارند، اغلب سعی می‌کنند نتیجه‌گیری‌های غلط خود را با کمک تئوری دیگری که به همان میزان غلط است، یعنی نظریه اَزَلی بودن برتری جنس مذکر، پر و بال دهند. با تنزل علم زیست‌شناسی به مشتی افسانه، آنان انگاره‌ی موجود از خانواده‌ی پدرسالاری زمان ما را بر دنیای حیوانات انطباق می‌دهند. برای آنان "خانواده‌ی" حیوانی، همانند خانواده‌ی نوع بشر، جنس مذکری در رأس خود دارد که از زن و بچه‌هایش مواظبت و معاش آنان را تأمین می‌کند و این باعث برتری او می‌شود. این حیوان قهرمان را معمولاً "مذکر مسلط" می‌نامند. او، آن گونه که در قصه‌ها آمده است، همتای شوهر و پدر جامعه‌ی پدرسالار در دنیای حیوانات است. آنان که مطلب را قدری آب و تاب بیشتری می‌دهند، حتی این حیوان مذکر را به شکل نوعی از شاهزاده‌های قدرتمند به تصویر می‌کشند که دورش را حرمی از زنان، معشوقه‌ها و کنیزک‌ها گرفته است و او زندگی و سرنوشت آن‌ها را تحت کنترل دارد. به راستی در پشت این قصه‌ها کدامین حقیقت نهفته است؟

"مذکر مسلط": واقعیت‌ها و افسانه‌ها

پدیده‌ای به نام "مذکر مسلط" در طبیعت قطعاً وجود دارد، چون حیوانات نر، همان گونه که قبلا به آن اشاره شد، بسیار با یکدیگر رقابت و مبارزه می‌کنند. در قلمرو جنسی، هرکدام سعی می‌کنند با از میدان

بیرون کردن رقیب در مقام نخست بایستند. حیوانی که پیروز می‌شود بر سایر نرها غلبه می‌کند، حداقل تا مدتی، پیش از آنکه نر قوی‌تری او را از میدان به در کند.

اما، نکته‌ی اصلی این مبارزه برای غلبه بر دیگران، اغلب ذکر نمی‌شود یا تحریف می‌شود. این مبارزه، مبارزه‌ای در میان نرهاست، در جنگی که تک به تک با یکدیگر انجام می‌دهند. حتی زمانی که مذکر مسلط رقبای خود را از میدان به در می‌کند، این به معنی آن نیست که بدین ترتیب او بر ماده یا گروهی از ماده‌ها که به آن‌ها دسترسی پیدا کرده غالب شده است. تا جایی که به ماده‌ها مربوط می‌شود، ممکن است آنان نر پیروزمند را به عنوان نر تخم‌کِش خود بپذیرند، همین و بس. حتی همین پذیرش هم هنگامی که ماده‌ها وارد دوره‌ی بارداری می‌شوند به پایان می‌رسد. دورانی که ماده‌ها از دایره‌ی نفوذ همه‌ی نرها خارج می‌شوند تا تمام وقت خود را صرف زاییدن و بزرگ کردن زادگان خود کنند. نتیجه‌ی مبارزه میان نرها هرچه باشد، ماده‌ها همچنان کاملاً خودکفا باقی می‌مانند و غذای نوزادان خود را بدون کمک نرها تأمین می‌کنند.

برخلاف همه‌ی قصه‌های کودکان درباره‌ی حیوانات که اغلب آن‌ها را مردانی می‌نویسند که خود را دانشمند جا می‌زنند، در دنیای حیوانات پدیده‌ی پدر-خانوار وجود ندارد. در میان برخی از پرندگان و ماهی‌ها ممکن است که نرها در نگهداری از تخم‌ها مشارکت کنند. این موجب خانواده شدن آن‌ها نمی‌شود، بلکه نوع خاصی از تولیدمثل است. در اکثریت قاطع گونه‌ها، بیش از همه‌ی آن‌ها پستانداران که مسیر مستقیم ارتقای نوع بشر از آنان عبور کرده است، فقط مادرها هستند که کلیه کارهای مرتبط با نگهداری از زادگان را انجام می‌دهند. همان گونه که بریفالت تأکید می‌کند: "هر حیوان بالغی، نر یا ماده، برای رفع مایحتاج اقتصادی، روی پای خود می‌ایستد" و تنها استثنای آن تأمین

غذای خردسالان توسط مادر است.

به عبارت دیگر، توان جنسی مذکر در دنیای حیوانات باعث عملکرد پدرگونه نمی‌شود. بلکه برعکس، خلق و خوی مبارزه‌جوی نرها خود مانعی است در راه پیدایش عملکرد پدرگونه. فقط در دنیای نوع بشر است که همتای کاملاً رشد و نموکرده‌ای برای مادربودن یافت می‌شود که ما او را پدربودن می‌نامیم. این زمانی تحقق یافت که نرها توانستند خود را از کنترل مستقیم بیولوژیکی - یا غریزه‌ها - برهانند و خصلت‌های جدید و انسانی را در خود بپرورانند. از طریق حیات اجتماعی بود که آنان یاد گرفتند رفتارهای جنسی جدیدی را بیاموزند و متعاقباً نقش پدر را بر عهده گرفتند.

برخی اوقات چنین گفته می‌شود و یا در گفته‌ها مستتر است که چون نرها خصلت مبارزه‌جویی دارند، پس "محافظ" خانواده‌ی حیوانی خود می‌باشند. این نیز یک افسانه است. در میان برخی از گونه‌های نخستی‌ها در حول یک محور مرکزی که از ماده‌ها و توله‌های آن‌ها متشکل شده است یک دایره‌ای از نرها وجود دارد که به شکل غیرمستقیم یک گروه برونی "نگهبانی" را تشکیل می‌دهند و در صورت بروز خطر به صدا در می‌آیند. اما، این حیوانات نر برای حفاظت از ماده‌ها و توله‌های خود نمی‌جنگند. بلکه فقط برای دفاع از حیات خود می‌جنگند.

در دنیای حیوانات، هر حیوانی از خود دفاع می‌کند، یا از طریق مبارزه و یا فرار. تنها استثنا از این قاعده، حیوانات ماده هستند که برای دفاع از زادگان خود می‌جنگند. بنابراین، این به اصطلاح خانواده‌ی حیوانی چیزی فراتر از گروه مادر- نوزادان نیست؛ مادرها هم پدیدآورنده‌ی آن هستند و هم محافظ آن. این کوچک‌ترین شباهتی ندارد با خانواده‌ی پدرسالار در جامعه‌ی ما که پدر تأمین‌کننده‌ی معاش و حاکم بر زن و فرزندان خود است.

یکی دیگر از مجادلاتی که قرار است برتری و سلطه‌ی طبیعی جنس نر بر جنس ماده را ثابت کند، بر این واقعیت استوار است که در برخی گونه‌ها (گرچه به هیچ وجه همه را شامل نمی شود) جثه‌ی نرها از ماده‌ها بزرگ‌تر و یا اینکه قدرت عضلانی‌اش بیشتر است. شکی نیست که خصلت‌های مبارزه‌جویی نرها به عضلانی‌تر بودن آن‌ها کمک کرده است. همان گونه که هنری دبلیو نیسن[1]، از محققین آزمایشگاه یِرک[2]، درباره‌ی نرهای نخستی‌ها گفته است: "هر چه جثه‌ی حیوان بزرگ‌تر باشد غذای بیشتری را می‌طلبد و هر چه قوی‌تر باشد تعداد بیشتری از ماده‌ها را از آن خود می‌سازد."[۱۰]

اما، اشتباه است اگر فرض کنیم عضلانی‌تر بودن به معنی برتری نرها بر ماده‌هاست؛ بلکه فقط بیانگر برتری نرهای قوی بر نرهای ضعیف است. در طبیعت فقط ماده‌ها هستند که تصمیم می‌گیرند آیا مایلند نری را به میان خود راه دهند، یا نه؛ این در مورد نرهای قوی‌تر هم صدق می‌کند. هنگامی که چنین پذیرشی صورت می‌گیرد، فقط زمانی است که حیوان نر رفتار خوبی از خود نشان می‌دهد و مخل آرامش ماده‌ها نیست. این حقیقت از این‌جا آشکار می‌شود که وقتی ماده‌ها پس از دوران جفت‌گیری خود را کنار می‌کشند و دوران بارداری و زایمان را سپری می‌کنند، نرها کاملاً او را تنها می‌گذارند.

بنابراین، چنانچه بخواهیم ماده‌ها را موجوداتی درمانده و محتاج به تصویر بکشیم که بدون تأمین و حمایت "نر مسلط" و نقش شوهر و پدری او، ماده‌ها نخواهند توانست تنازع بقاء داشته باشند، رفتارهای حیوانی را بسیار خام و ناصحیح نمایان کرده‌ایم. پدر-خانواده نهادی کاملاً انسانی است که، علاوه بر این، خیلی دیر در تاریخ اجتماعی، همزمان

1. Henry W. Nissen
2. Yerkes Laboratories

با رشد مالکیت خصوصی و تقسیمات طبقاتی، پا به عرصه‌ی وجود گذاشت. بنابراین، افسانه‌ی "پدر- خانواده" پا به پای "نظریه زهدانِ" فرودستی جنس ماده پیش می‌رود. حقایق واقعی درباره‌ی زیست‌شناسی را مخدوش و تحریف کرده‌اند تا بر ریشه‌های اجتماعی ستم‌کشیدگی زنان سرپوش بگذارند.

اکنون اجازه دهید این مطلب را بررسی کنیم که چگونه علم مردم‌شناسی را مخدوش کرده‌اند تا از یک زیست‌شناسیِ تحریف شده حمایت کنند. من آن را "نظریه‌ی شکار" می‌نامم.

"نظریه‌ی شکار" به عنوان توضیح فرودستی مقام زن

این نظریه بر مبنای نخستین تقسیم کار میان جنس‌های نر و ماده ساخته شده است و معمولا بدین گونه تشریح می‌شود: مردها شکارچی و جنگجو بودند، در حالی که زنان جمع‌آورندگان غذا و مشغول خرده‌کاری در اردوگاه بودند. البته در این نظریه، شکار مهم‌تر جلوه داده می‌شود و کار زنان پیش پا افتاده تلقی می‌گردد. گفته می‌شود به دلیل مشکل زهدان که زنان از بدو تولد با آن مواجه بودند، مجبورشان کرده است که در اردوگاه و یا محل اسکان بمانند و از بچه‌ها مواظبت کنند.

این، وارونه جلوه دادن واقعیت است. مهم‌ترین کار در تقسیم کار اولیه را نرهای شکارچی انجام نمی‌دادند، بلکه آن کارهای مهم را زنان به اصطلاح خانه‌نشین انجام می‌دادند. اجازه دهید از تأمین غذا آغاز کنیم. یعنی اولین و اساسی‌ترین نیاز انسان، چون مردم باید غذا بخورند تا بتوانند کارهای دیگری را انجام دهند. زنان بودند که از راه جمع‌آوری غذا، ارزاق بادوام و فراوان را تأمین می‌کردند، نه مردان شکارچی. در دورانی که شکار هنوز بازده چندانی نداشت و مردان اغلب با دست خالی به اردوگاه بر می‌گشتند، گرسنگی اجتماع به وسیله‌ی غذایی که

زنان جمع‌آوری کرده بودند، ارضا می‌شد. علاوه بر این، زنان بودند که کنترل منابع تأمین غذا را در دست داشتند، نه تنها از طریق آماده‌سازی آن‌ها برای مصرف همان روز، بلکه ذخیره‌سازی غذا برای مصارف آتی. زنان ستون فقرات جوامع اولیه بودند.

اما، این تازه آغاز کار زنان بود. نیازی نیست که در اینجا حجم عظیم شواهد موجود از کارهای زنان بدوی را برشماریم.[۱۱] در حالی که مردان مشغول جستجو برای یافتن حیوانات برای تهیه گوشت شکار بودند، زنان مشغول انواع کارهای گوناگون تولیدی، نظیر چرم‌سازی، سفالگری، صنایع دستی گوناگون، تا بنایی، داروسازی، و همچنین پرورش نخستین اشکال علوم بودند. در حالی که یکی از شاخه‌های کارهای زنان، شخم زمین با چوب دستی به کشاورزی انجامید، شاخه‌ی دیگری، اهلی کردن حیوانات وحشی، به دامداری منجر شد. این پیشرفت‌های عمده نه تنها تمدن را پایه‌گذاری کرد، بلکه، مردان را از شکار آزاد کرد تا بتوانند در این اَشکال عالی‌تر تولیدی مشارکت و سرانجام آن‌ها را تصاحب کنند. بنابراین، نه مردان شکارچی، بلکه زنان مولد بودند که دانشمندان اولیه، پرستار، معلم و انتقال دهندگان میراث اجتماعی، فرهنگی و تکنیکی شدند و در نخستین تقسیم کار اجتماعی که مبتنی بر تقسیم کار میان زن و مرد بود، بیشترین سهم را داشتند.

اشتباه بزرگ آنان، که خیال برتری جنس مذکر کورشان کرده، این است که این تولید وسیع اجتماعی به دست زنان بدوی را نادیده می‌گیرند و زنان بدوی را صرفاً افراد خانه‌نشینی می‌پندارند که در خدمت دایره‌ی کوچک خانواده قرار داشتند. در نظام قبیله‌ای بدوی هیچ گونه منزل خصوصی خانوادگی، در انزوا و محبوس وجود نداشت. همان گونه که هیچ طبقه‌ی حاکمه متمولی نبود که کار زن را به بردگی خانوادگی تنزل دهد. خانه و خانوارهای بدوی، مرکز تبلور یک حیات اجتماعی بودند و

معرف نخستین کارخانه‌ها، آزمایشگاه‌ها، مراکز درمانی، مدارس و مراکز اجتماعی. زنانِ جوامع مادرسالار، که دسته‌جمعی کار می‌کردند، هیچ گونه تشابهی با نوادگان امروزی خود نداشتند؛ نوادگانی که هرکدام سلانه سلانه در کنج کوچک خانه‌ای سرگرم هستند.

این به مفهوم کوچک شمردن تبحر و تکنیک‌هایی نیست که مردان در شغل شکار پرورش دادند. بلکه، صرفاً به معنی جبران مافات در موازنه و قرار دادن کار مردان در جایگاه و چشم‌انداز مناسب خود است. بدون شک، نه تنها کار زنان ناچیز شمرده شده؛ بلکه به کار شکارچیان مرد نیز توجه همه جانبه‌ای نشده است. مهم‌ترین جنبه‌ی پیدایش دسته‌های انسان‌های شکارچی، ربطی به زورمندی مردان یا حتی به افزایش صِرف میزان غذایی که تأمین می‌کردند نداشت. بلکه، اهمیت آن در این بود که مردان از طریق تشریک مساعی با همدیگر و کار دسته جمعی بطور کیفی از حیوانات جلو زدند.

اغلب گفته می‌شود برای شکار حیوانات بزرگ و خطرناک، انسان برای چیرگی بر آن‌ها هم قدرت لازم دارد و هم تبحر؛ و این حقیقت دارد. اما، آنچه به ندرت به آن اشاره می‌شود این است که مردها می‌بایستی بر صفات پیشین حیوانی فایق می‌آمدند و رقابت میان خود، جدایی‌طلبی و فردگرایی خود را کنار می‌گذاشتند تا بتوانند دورهم جمع شوند و گروه‌های شکارچیان را تشکیل دهند. آنان می‌بایستی رقابت و مبارزه با یکدیگر را کنار می‌گذاشتند و این روابط را دگردیس و به روابط بسیار نزدیک و مبتنی بر تعاون میان انسان‌ها تبدیل می‌کردند. برتری دسته‌های انسان‌های شکارچی نسبت به هر جمعی از حیوانات از این اصل خدشه‌ناپذیر سرچشمه می‌گیرد که مردان شکارچی هنگامی که با هم شکار می‌کنند، هرگز نباید تحت هیچ شرایطی یکدیگر را شکار کنند یا بکشند. این رابطه‌ی منحصر به فرد انسانی، در دنیای

حیوانات وجود خارجی ندارد.

بنابراین، حتی در مورد افزایش تأمین غذای اجتماع نیز انسان‌ها فقط هنگامی توانستند آن را تحقق بخشند که راه ایجاد دسته‌های تعاونی شکارچیان را فرا گرفتند.

چنین تغییر چشمگیری چگونه پدید آمد؟ تمام شواهد حاکی است از پیدایش جوامع اشتراکی قبیله‌های مادری که مردان را به عنوان برادران قبیله در خود ادغام کردند. همان گونه که رابرت بریفالت در این باره می‌نویسد:

> در جوامع انسانی همیشه طریقی برای برقراری درک متقابل و تضمین آن وجود داشته است؛ همین طور برای ایجاد علقه‌های نوع‌دوستی، تعاون و برادری که در میان حیوانات غایب و غیرممکن است. بنابراین، بشر اولیه، با توجه به خصلت اجتماعی‌اش، برای ارضای غرایز جنسی خود، تحت همان الزاماتِ مبارزات رقابتی صِرف قرار نداشت.... حیوانات نزدیک‌ترین معاشران خود و حتی جفت‌های خود را در مبارزه برای تأمین غذا می‌درند و تکه تکه می‌کنند؛ حال آنکه هر عضو خشن‌ترین و بدوی‌ترین گروه اجتماعی بشری ترجیح می‌دهد از گرسنگی بمیرد، اما غذای خود را با معاشرانش تقسیم کند.... همین طور، در هیچ جامعه‌ی انسانی، هر قدر هم که بدوی باشد، اغتشاش و بی‌قانونی و نزاع برای تصاحب زن‌ها وجود نداشت.[۱۲]

تنها یک اجتماع اشتراکی بی‌طبقه می‌توانست با تأمین نیازهای کلیه‌ی اعضای خود بر پایه مساوات، تشریک مساعی میان مردان ایجاد

کند، مردانی که پیش از آن به عنوان حیوان از یکدیگر جدا و نسبت به یکدیگر متخاصم بودند. در آن جوامع، بر مبنای تقسیم کاری که انسان‌های بدوی در شرایط حیات و در آن مرحله از رشد اجتماعی-اقتصادی خود عملی‌ترین و ضروری‌ترین شیوه می‌دیدند، مرد و زن، هر یک سهم کار خود را انجام می‌دادند. بسیاری از نویسندگان کارهایی را که زنان انجام می‌دادند کوچک شمرده‌اند، در حالی که شکار کردن را، که مردان انجام می‌دادند، شکوهمند جلوه داده‌اند. برای مثال، گراهام کلارک[۱]، باستان‌شناس، زنان را موجودات مادونی می‌داند چون "همانند اجداد میمون خود" صرفاً غذا جمع‌آوری می‌کردند، در حالی که او مردان را به عنوان "شخصیت باشکوه مرد شکارچی، نخستین نمونه‌ی مرد جنگجو" و به عنوان جنس برتر و معظم، بر می‌شمرد.(۱۳) این چیزی جز تعصب مردانه نیست.

اِلمان آر سرویس[۲]، مردم‌شناسِ ایالت میشیگان نیز نگرش مشابهی، گرچه خویشتن‌دارتر، نسبت به موضوع دارد. او فکر می‌کند مردها نه صرفاً به خاطر "احتمالاً قوی‌تر، چابک‌تر و رزمنده‌تر بودن" شکارچی بودند، بلکه مهم‌تر از این‌ها "به دلیل اینکه زنان اغلب به دلیل بارداری و نگهداری از خردسالان ناتوان هستند."(۱۴)

ما می‌توانیم بپذیریم که خصلت رزمندگی مردها باعث شد بتوانند خود را با شکار منطبق سازند. اما، باید این نتیجه‌گیری را رد کنیم که زن‌ها به دلیل ناتوانی بیولوژیکی، ناشی از داشتن زهدان، قادر به شکار نبودند. فقط کافی است نظری بیفکنیم به گوشت‌خواران، که حیوانات شکارچی‌اند، تا غلط بودن این نظریه را دریابیم. چون ماده‌ها، به اندازه‌ی نرها، شکارچیان چابک و ماهری هستند. ماده شیرها و ماده

1. Grahame Clark
2. Elman R. Service

ببرها هیچ‌گونه کم و کسری نسبت به نرها ندارند.

شکی نیست که گونه‌های انسانی از میان نخستی‌های جمع‌آوری کننده‌ی غذا برخاستند، نه شکارچیان گوشت‌خوار. اما، زنانی که می‌خواهند "نظریه‌ی شکار" فرودستی زنان را به چالش بکشند، مجبور نیستند دلایل پیچیده‌ای را که باعث شد زنان در نخستین تقسیم کار به شکار نپردازند حل و فصل کنند. کافی است نشان دهیم که زنان کارهای والاتری را انجام می‌دادند که حجم و تنوع آن‌ها، در قیاس با شغل اصلی مردها یعنی شکار، به مراتب گسترده‌تر بود. نپرداختن به یک مشغله - به هر دلیل - فقط این موضوع را برجسته می‌کند که زنان این مشغله را از فعالیت‌های متنوع کاری خود کنار گذاشتند.

بنابراین، در خاتمه باید گفت که "نظریه‌ی شکار" برای توجیه فرودستی زنان به همان میزان مهمل و غیر قابل دفاع است، که "نظریه‌ی زهدان"، در واقع همان منبعی که از آن استنتاج شده. به همان میزان که یکی تحریف مردم‌شناسی است، دیگری تحریف زیست‌شناسی است. با این حال، همین نظرات کاذب و شبه‌ـ علمی تبلیغاتی هستند که همواره مبنای جنس دوم، یعنی فرودست جلوه دادن زن را تشکیل داده‌اند.

آیا ستم‌کشیدگی زن ازلی است؟

از آغاز خیزش جنبش آزادی زنان، برخی از نویسندگان زن و حتی برخی از مردم‌شناسان به قدری تحت تأثیر این فرضیات غیرعلمی قرار گرفته‌اند که از آن‌ها نتایج بسیار بدبینانه‌ای بدست آورده‌اند. به قول آن‌ها، زنان همواره جنس ستمدیده بوده‌اند، نه تنها در جامعه‌ی مردسالار، بلکه طی تمامی تاریخ بشر. طبق این نظریه، اگر زنان در جوامع بدوی، همانند جوامع مردسالار، تحت انقیاد شوهران یا پدران خود نبوده‌اند، در این صورت زیردست برادران یا دایی‌های خود

بوده‌اند. این را می‌توان "تئوری دایی‌سروری" ستم‌کشیدگی زنان نامید. حقیقت امر چیست؟

تعدادی جوامع بدوی وجود دارند که در نقاط مختلف جهان پراکنده‌اند. در این جوامع، رفتارهای دیرینه‌ی مادرسالاری و سُنّت‌های آن کم و بیش ادامه‌ی حیات می‌دهد. این جوامع را معمولا "مادر_ تبار" می‌خوانند، زیرا خط خویشاوندی و تعریف تبار فقط از طریق مادر تعریف می‌شود. اما، موضوع خیلی عمیق‌تر از این‌هاست. در چنین مناطقی هنوز هم پدر_ خانواری خیلی کم رشد کرده است. یک مرد ممکن است به عنوان شوهر زنی به رسمیت شناخته شود، اما به عنوان پدر فرزندان همان زن به رسمیت شناخته نشود. یا اینکه، اگر هم به رسمیت شناخته شود، ارتباط ضعیفی با فرزند داشته باشد. آن گونه که معمولا بیان می‌دارند، فرزندان به مادر و خویشاوندان وی تعلق دارند.

این بدین معنی است که فرزندان نه تنها فقط به مادرانشان تعلق دارند، بلکه به برادران چنین جامعه‌ی مادر_ تباری نیز تعلق دارند. به عبارت دیگر، برادران مادر، یا دایی‌ها، هنوز هم وظایف پدری را برای فرزندان خواهران قبیله‌ای خود انجام میدهند، حال آنکه، در جوامع پدرسالار، این پدر است که این کار را برای فرزندان همسرش انجام می‌دهد. به این دلیل گاهی اوقات چنین جوامعی را "دایی‌سالاری" می‌نامند. واژه‌ی "دایی‌سالاری" به برادر مادر اشاره دارد، همان گونه که "پدرسالار" به پدر اشاره دارد.

این جوامع مادر_ تبار بازمانده‌های دوران مادرسالاری هستند و گرچه از زمان چیره شدن پدرسالاری خیلی تغییر کرده‌اند، با این حال، گواهی بر الویت‌های نظام‌های اجتماعی پیشین هستند. در واقع، زمانی که علم مردم‌شناسی در قرن پیش آغاز شد، همه‌ی قبایل بدوی پیش از آن تا حدودی از نظر ترکیب تغییر کرده بودند. جفت دو نفره، یا آنچه

مورگان آن را "جفت خانوادگی" نامید، در جوامعی پدیدار شده بودند که پیش از آن فقط از مادران و برادران قبیله‌ای (یا خواهران و برادران) تشکیل شده بودند.

اما، جفت خانوادگی، که به عنوان جزیی از نظام قبیله‌ای مادرسالارِ اشتراکی پدیدار شد، کاملاً با خانواده‌ی پدرسالار، که در جامعه‌ی طبقاتی پا به عرصه‌ی وجود گذاشت، فرق داشت. یک مردی که از بیرون از قبیله‌ی مادرسالار به آن اضافه می‌شد، شوهر یکی از زنان آن قبیله و همسر او می‌شد. اما، در حالی که شوهران در تأمین معاش همسران و فرزندان خود مشارکت می‌کردند، تا زمانی که نظام قبیله‌ای غالب بود، شوهران زیر دست و حتی فرعِ برادران مادرها محسوب می‌شدند. برادران مادرها، ارکان اصلی اقتصاد قبیله‌ی خواهران خود و سرپرست فرزندان بودند.

مردم‌شناسانی که اهل تحقیقات عملی هستند، ولی برخوردشان با موضوعات تحقیقی یک برخورد تاریخی نیست، هنگامی که با چنین جوامع بدوی قبیله‌ای مواجه می‌شوند خود را با یک معضل مواجه می‌بینند. برای مثال، مالینوفسکی[1] در مطالعاتش درباره‌ی ساکنان مجمع‌الجزایر تروبرایند[2]، این مردمان و "اصول حق مادری" آنان را این گونه تشریح می‌کند: "در تروبرایند با یک جامعه‌ی مادرتباری مواجه می‌شویم که در آن تبار، خویشاوندی و همه‌ی ارتباطات اجتماعی از نظر قانونی فقط از طریق مادر شناسایی می‌شوند و زنان سهم مهمی در حیات قبیله دارند، حتی در مسایل اقتصادی، برگزاری مراسم و جادوگری و حتی رهبری قبیله نیز نقش دارند..."(۱۵)

اما، چون "این بومیان نهاد ازدواج جاافتاده‌ای دارند" یعنی،

1. Malinowski
2. Trobriand Islanders

هم‌خانگی دو نفره‌ی مشترکی دارند، مالینوفسکی تحقیقات پر دردسری را انجام می‌دهد تا پدر را در میان آن‌ها پیدا کند. اما، شوهر مادر هنوز به مفهوم واقعی کلمه به یک پدر تبدیل نشده است. طبق نظرات خود بومی‌ها، تاما[1]، که مالینوفسکی بر "پدر" نامیدن وی پافشاری می‌کند، کسی بیش از "شوهر مادر" نیست. در برخی موارد او حتی این هم نیست؛ او توماکاوا[2] است، یک "غریبه"، یا آن گونه که مالینوفسکی بیان می‌کند "صحیح‌تر بگوییم، او یک «بیگانه» است."(۱۶) به عبارت دیگر، مردی که از "بیرون" قبیله آمده باشد، اگر هم در برخی موارد به عنوان شوهر مادر به رسمیت شناخته شود، با این حال جایگاه واقعی پدر را به دست نخواهد آورد.

اما، مردی هست که عملکردهای پدرگونه را برای بچه‌های خواهرش انجام می‌دهد، به طور مشخص برای فرزندان ذکور او. این شخص برادرِ مادر است. مالینوفسکی می‌نویسد:

> مقام اجتماعی از طریق شجره‌ی مادری از یک مرد به خواهرزاده‌هایش منتقل می‌شود و این مفهوم منحصر به فرد خویشاوندی مادرتباری فوق‌العاده بااهمیت است ... مردمی که به واسطه‌ی خویشاوندی مادرتباری به یکدیگر می‌پیوندند یک گروه بسیار منسجمی را تشکیل می‌دهند، که بر مبنای دلبستگی، منافع و پاره‌ی تن یکدیگر بودن با یکدیگر ارتباط محکمی دارند. و سایرین، حتی کسانی که از طریق ازدواج و یا رابطه‌ی پدر- فرزندی با آن متحد شده‌اند، به شدت خارج از این گروه قرار داده می‌شوند....(۱۷)

1. *tama*
2. *tomakava*

مالینوفسکی نکته‌ی ظریفی را متوجه می‌شود که آن را "تأثیر دوگانه" یا "دوگانگی" می‌نامد، که بر اثر ازدواج بر این جامعه‌ی مادرتبار حاکم شده است. فرزندان مذکر به دو مرد بالغ، که هر دو با مادرشان متصل هستند، به چشم بزرگ‌تر نگاه می‌کنند ولی دو دل هستند. آن‌ها در یک طرف برادر مادر (دایی) را می‌بینند که از دیرباز جایگاه تثبیت‌شده‌ی خود را داشته است؛ ولی در طرف دیگر فرد تازه‌واردی به نام شوهر مادر. آنچه مالینوفسکی استنتاج نمی‌کند این است که جامعه‌ی مجمع‌الجزایر تروبریاند یک جامعه‌ی مادرتبار و در حال گذار به ساختار پدرتباری است.

پیشگامان مردم‌شناسی در قرن گذشته نمونه‌های بسیاری از جوامع مادرتبار را یافتند که در حال گذار به سوی ساختارهای اجتماعی پدرتبار و پدرسالار بودند. ایی سیدنی هارتلند[1] موضوع را این گونه جمعبندی می‌کند که حاکمیت پدرسالاری "پیوسته در سراسر جهان به حق مادری یورش بُرد؛ نتیجتاً نهادهای مادرسالار تقریباً در تمامی مراحل مختلف گذار به سوی پدرسالاری یافت شده‌اند."(۱۸)

جایگاه زنان در بسیاری از این جوامع درـحالـگذار اساساً بدون تغییر باقی مانده و مادران از استقلال اقتصادی و احترام اجتماعی برخوردار بوده‌اند. اما، در مناطق دیگری، بخصوص در مناطقی که روابط طبقاتی، پدرسالاری و برتری مردان بر یک اقتصاد ابتدایی حاکم شده است، زنان، به اندازه‌ی خواهران خود در جوامع طبقاتی، تنزل مقام داده شده‌اند. در این مناطق زنان ممکن است به همان اندازه که از پدران یا شوهران خود ستم می‌بینند تحت ستم برادران خود واقع شوند.

استرالیا اغلب به عنوان نمونه‌ی گویایی از ارزش افتادن شرایط

1. E. Sidney Hartland

زنانِ بدوی مثال آورده می‌شود. اما، بر طبق گفته‌های اسپنسر[1] و ژیلن[2]، که بیش از دیگران در زمینه‌ی شناخت قبایل مرکزی استرالیا صاحب‌نظرند، "خلاء بزرگی" میان دوران سُنّتی گذشته و شرایط کنونی به چشم می‌خورد. آنان نتیجه گرفته‌اند که زنان در این مناطق در گذشته به مراتب مقام والاتری نسبت به دوران اخیر داشته‌اند.(۱۹)

رابرت بریفالت، در جمعبندی این مطالب، بر این عقیده است که پدرسالاری، سلطه‌ی مردان و از ارزش افتادن زنان "خصیصه‌های نسبتاً تازه‌ای هستند" و جایگزین شرایط پیشین شده‌اند که در آن زنان بانفوذ و محترم بودند. او می‌گوید "بومی‌های استرالیا نه تنها بدوی هستند، بلکه از بسیاری جهات نژاد فرودستی محسوب می‌شوند" و به همین دلیل است که سلطه‌ی جنس مذکر، همین که برقرار شد، "تا عواقب افراطی آن پیش رفت."(۲۰) در قاره‌ای که جمعیت بومیان استرالیا[3] در اثر امراض و سایر مشکلات در عرض یک قرن از ۵۰۰,۰۰۰ نفر به ۵۰,۰۰۰ نفر کاهش داده شده است، این مطلب تعجب برانگیز نیست.

در تقابلی حاد با چنین وضعی، بسیاری از مناطق هستند که در آن‌ها رسوم مادرسالاری دست نخورده باقی مانده‌اند و در آنجاها چنین نزول مقامی، خواه برای زنان یا مردان، پدیدار نشده است. چنین مثال‌هایی را می‌توان در میان سرخپوستان آمریکای شمالی یافت، جایی که در آن برتری مردان و ستم‌کشیدگی زنان وجود خارجی نداشت، تا اینکه اشغالگران متمدن اروپایی آن را به همراه ویسکی و تفنگ با خود به همراه آوردند. بریفالت نمونه‌ای از یک میسیونر به نام جی. اف. لافیتا[4] نقل می‌کند:

1. Spencer
2. Gillen
3. aboriginal population
4. J.F. Lafitau

هیچ چیزی واقعی‌تر از این برتری زنان نیست. از طریق زنان است که مفهوم صحیح ملت، اصالت اجدادی، شجره، تبارشناسی و بقای خانواده‌ها تبیین می‌شود. در وجود زنان است که اولیای واقعی امور نهفته است؛ دشت و صحرا، مزارع و همه‌ی محصولات به آنان تعلق دارد. زنان خمیرمایه‌ی شوراها را تشکیل می‌دهند و داوران جنگ و صلح هستند.(۲۱)

طبق گفته‌ی الکساندر گولدن وایزر[1]، نفوذ زنان در انتخاب رؤسای قبیله‌ها بسیار زیاد بود. فعالیت‌های این رؤسا را "گیس سفیدها" با دقت نظاره و سرپرستی می‌کردند، به خصوص در مورد مسایلی نظیر جنگ. چنانچه عملکرد آنان رضایت خاطر زنان را جلب نمی‌کرد، رؤسا برکنار می‌شدند. او می‌گوید، تا همین دوران نظام کنفدراسیونی ایروکوئیس[2] "زنان بیش از مردان هم در انتخاب رؤسا نقش داشتند و هم در برکناری آن‌ها ... افکار عمومی در قبیله، بیشتر توسط زنان هدایت می‌شد تا مردان." او اضافه می‌کند که "قطعاً با مشورت خردمندانه‌ی گیس سفیدها از بروز بسیاری از جنگ‌های خانمانسوز ممانعت می‌شد."(۲۲) واقعیت قدرت زنان را می‌توان در این حقیقت یافت که تقریباً همه‌ی اسناد انتقال زمین در حکومت استعماری [قبل از استقلال آمریکا] به امضای زنان رسیده است.

بریفالت اشاره کرده است به یکی از جالب‌ترین رو در رویی‌ها میان مردان ایروکوئیس و مردان سفیدپوست، که به زنان به عنوان جنس پست‌تر و به دیده‌ی تحقیر می‌نگریستند. سخنگوی منتخب ایروکوئیس، "پیترِ خوب"، خطاب به استاندار کلینتون در خصوص

---

1. Alexander Goldenweiser
2. Iroquois confederacy

احترام والای بومیان آمریکا [سرخپوستان] برای زنان با چنین لحنی اعلام داشت:

برادران! اجداد ما دست رد زدن بر نظرات مشورتی زنان را به خصوص زنان فرمانده را، توهین بزرگی می‌شمردند. آنان به عنوان بانوان بزرگ زمین، بسیار مورد احترام بودند. اجداد ما می‌گفتند، چه کسی ما را به دنیا می‌آورد؟ چه کسی در زمین‌های ما زراعت می‌کند، آتش روشن می‌کند، دیگ‌ها را جوش می‌آورد، بجز زنان؟ زنان ما، برادر، بگو که تیزهوشند.... آن‌ها استدعا دارند حرمتی که اجداد ما برای زنان قایل بودند شکسته نشود و خوار شمرده نشوند: روح بزرگ آنان را پدید آورد. فرماندهان زن ملتمسانه خواستار آنند که با آزادی سخن بگویند، آن‌گونه که اجداد ما آن را مجاز میدانستند.... زیرا آنان حیات قوم هستند.(۲۳)

بریفالت همچنین نقل قول می‌آورد از دبلیو دبلیو. راک‌هیل[1] که اظهار داشت "اینکه آنان [زنان] به چه وسیله‌ای سَروری خود را چنین کامل مقبولِ جمعیت بربرهای بی‌قانون ساخته‌اند، بربرهایی که بر اقتدار رؤسای خود با بی‌میلی سر فرود می‌آورند، خود مسأله‌ای در خور تأمل است."(۲۴)

این‌ها با انگاره‌ی زنانِ "از ازل ستمدیده" هیچ شباهتی ندارد. این واقعیت که برخی از زنان در مناطق بدوی، به اندازه‌ی زنان در کشورهای مردسالار متمدن، تحت ستم قرار گرفتند به معنی این نیست

1. W.W. Rockhill

که زنان همیشه ستمدیده بوده‌اند. تنها چیزی که ثابت می‌کند این است که در برخی مناطق، نه در همه جا، نزول مقام مادران و خواهران همچنین نزول مقام برادرانِ مادران [دایی‌ها] را نیز به همراه داشت. برخی از برادرانِ مادران [دایی‌ها] به اندازه‌ی مردان مردسالاری که الگوی خود قرار دادند، برتری‌طلب شدند و به زنان ستم روا داشتند.

اما از نظر تاریخی، پیش از چیره شدن نظام مردسالاری، چیزی به نام چیرگی جنس مذکر بر زنان وجود نداشت - یا برعکس، چیرگی جنس مؤنث بر مردان. جامعه‌ی قبیله‌ای، جامعه‌ای کمونیستی بود؛ مبتنی بر خواهری زنان و برادری مردان. سنگ زیربنای ساختار اجتماعی آن، مساوات در همه‌ی عرصه‌های زندگی بود - اقتصادی، اجتماعی و ارتباطات جنسی. بنابراین، زنان همیشه ستمدیده نبوده‌اند. ستمدیدگی زنان به عنوان جزیی لاینفک از یک جامعه‌ی ستمگر شکل گرفت که کمون مادرسالار را سرنگون کرد و جای آن را گرفت. "نظریه‌ی دایی سروری" که مدعی ازلی بودن ستم‌کشیدگی جنس مؤنث است، فقط گونه‌ی پیچیده‌تری از "نظریه‌ی زهدانِ" فرودستی زنان است. زنانِ جنبش آزادی باید این یکی را نیز همانند دیگری رد کنند.

متأسفانه، برخی از نویسندگان صاحب نفوذ، نظیر کیت میلت[1]، این کار را نکرده‌اند. گرچه او فرضیه‌ی تعیین سرنوشت زن توسط ساختار بدن وی را به سخره می‌کشد، اما این رزمنده‌ی سنگر آزادی زنان، تحت تأثیر نظرات مردم‌شناسان ضدتاریخی قرار گرفته است. او در کتاب خود سیاستِ مبتنی بر جنسیت[2] می‌نویسد: "هم جوامع بدوی و هم جوامع متمدن، جوامع جنس مذکرند،" و اینکه زنان همیشه ستمدیده بوده‌اند، اگر نه به دست مردان مردسالار، آن وقت، به دست مردان

1. Kate Millet
2. *Sexual Politics*

"دایی‌سالار".[۲۵] جای تعجب اینجاست که او در حالی این موضع را اتخاذ می‌کند که قبول دارد نمی‌داند آیا دوران مادرسالاری وجود داشته است یا خیر.

شولامیث فایرستون[1] در کتابش دیالکتیک جنسیت[2] حتی عمیق‌تر از این‌ها در اشتباه ستمدیدگی اَزلی زنان فرو می‌رود. او کل مجموعه‌ی قصه‌های ساختگی در این باره را روایت کرده است. طبق گفته‌های فایرستون، ستم‌کشیدگی جنس مؤنث قدمتی بیش از تاریخ مکتوب دارد؛ آغاز آن بر می‌گردد به "خود عالم حیوانات". او می‌گوید، به خاطر ساختار بدن جنس مؤنث، زنان قدرت جسمانی لازم را برای انجام کارهای تولیدی نداشتند - او عدم اطلاع خود از کارهای به ثبت رسیده‌ی زنان بدوی را بروز می‌دهد. مجدداً نویسنده تکرار می‌کند که زنان به خاطر ساختار بدنشان "در انقیاد فرآیندهای اسرارآمیز حیات باقی ماندند." فایرستون صرفاً دست‌چیده‌های مردانه در این باره را تکرار می‌کند، نظیر تولیدمثل و نگهداری از کودکان. بنابراین، او نتیجه می‌گیرد، "زنان همواره اسیر ساختار بدنشان بوده‌اند" که باعث شده است به "جنس مذکر وابسته باشند،" خواه برادرانش در قبایل، یا شوهر و یا پدرش.

فایرستون هم طعمه، هم ریسمان و هم دام "نظریه‌ی زهدان" را بلعیده است. او، با روفتن مارکس و انگلس به کناری، که به نظر وی "اصلاً هیچ چیزی" راجع به زنان به عنوان یک "طبقه‌ی ستمدیده" نمی‌دانستند، اعلام می‌دارد: "ساختار بیولوژیکی تولیدمثل زنان بود که باعث پیدایش ستم‌کشیدگی نخستین و تداوم آن شد، نه یک انقلاب مردسالارانه‌ی ناگهانی."[۲۶] فایرستون، فمینیست معروف، طوطی‌وارانه

1. Shulamith Firestone
2. *The Dialectic of Sex*

ترجیع‌بند "سرنوشت‌ساز بودن ساختار بدن زن" را تکرار می‌کند، بدون آنکه به خود زحمت ارزیابی نقّادانه‌ی حقایق را بدهد.

جای تاسف دارد که حتی تعدادی از زنان انتروپالوژیست (مردم‌شناس) به رغم مطالعاتی که در این زمینه دارند، اشتباهات مشابهی را مرتکب شده‌اند. تحت نفوذ یا شاید مرعوب‌شده توسط برتری‌طلبان جنس مذکر و ایدئولوژی بورژوایی که دوایر مردم‌شناسان را فراگرفته است، آنان نیز بر افسانه‌ی فرودستی ابدی و ستم‌کشیدگی ازلی زنان صحّه گذاشته‌اند. لوسی مِر[۱]، مردم‌شناس، اعلام می‌دارد که "در ساده‌ترین جوامع و بدون شک در برخی جوامع صنعتی، زنان هرگز کاملاً مستقل نیستند..." آنان همیشه مجبور بوده‌اند به جنس مذکر تکیه کنند، خواه برادرانشان، یا شوهران و پدرانشان. (۲۷) این جمله‌ی فراگیر حتی در مورد برخی از بقایای جوامع مادر تبار در عصر حاضر نیز صدق نمی‌کند، جوامعی که زن‌ها در آنجا استقلال اقتصادی و احترام اجتماعی خود را حفظ کرده‌اند، چه رسد به دورانی که ساختار اجتماعی آن مبتنی بر مادرسالاری بود و برتری جنس مذکر هنوز متولد نشده بود.

کتلین گاف آبرل[۲]، اهل ونکوور[۳]، با انتشار کتاب خویشاوندی مادرتباری[۴] که در یک‌صدمین سالروز انتشار کتاب حقوق مادرِ باخوفن[۵] منتشر شد، به خوبی در این زمینه ادای سهم کرد. اما، او نیز فکر می‌کند که زنان همیشه تحت ستم بوده‌اند. او در مقاله‌ای که اخیراً برای جنبش آزادی زنان نوشت اعلام می‌دارد: "قدرت مردان برای استثمار زنان به گونه‌ی نظام‌مندی از ثروتِ انباشته شده نشات می‌گیرد" و قدرت دولت

1. Lucy Mair
2. Kathleen Gough Aberle
3. Vancouver
4. Matrilineal Kinship
5. Bachofen's *Das Mutterrecht* (Mother-Right)

نیز حامی این ستم بوده است. این از نگرش مارکسیستی پیروی می‌کند. اما، او هنگامی از روش ماتریالیسم تاریخی فاصله می‌گیرد که می‌گوید، "حتی در جوامع مبتنی بر شکار نیز زنان همیشه به نحوی «جنس دوم» و کم و بیش تحت فرمان مردان بودند."(۲۸)

گرچه ممکن است این مطلب در برخی جوامع مبتنی بر شکار که در دوران اخیر دگرگون شده‌اند مصداق پیدا کند، اما در مورد جوامع اصیل مبتنی بر شکار که در دوران کمون مادرسالار وجود داشتند صحت ندارد. بگذارید با تأکید بگوییم: شغل شکارچی بودن موجبات برتری مردان بر زنان را فراهم نیاورد - بلکه رواج مالکیت خصوصی، تقسیم طبقاتی و خانواده‌ی پدرسالار بود که چیرگی مردان و ستم‌کشیدگی زنان را به همراه داشت.

تقسیم کار اجتماعی در قیاس با تقسیم کار خانوادگی

این مطلب ما را می‌کشاند به آخرین نکته از افسانه‌های در هم تنیده‌ای که سعی دارند ثابت کنند زنان همیشه جنس دوم بوده‌اند. این یکی مربوط می‌شود به تفاوت‌های موجود میان تقسیم کار بین مرد و زن در جوامع بدوی و متمدن. طبق تبلیغات غالب، تقسیم کار میان مرد و زن همیشه یکسان و کار زن محدود به خانه و خانواده بوده است. چنین باور دارند که از بدو آغاز تاریخ بشریت تا زمان حال، تقسیم کار میان زن و مرد عبارت بوده است از تقسیم کار میان زن و شوهر در یک خانواده. شوهر به بیرون از خانواده می‌رود تا کار کند، در حالی که زن در خانه می‌ماند تا کارهای خانه را انجام دهد و از بچه‌ها مواظبت کند. برخی از زنان در جنبش آزادی از اینکه چرا شوهر برای کارش مزد دریافت می‌کند، اما زن مزدی دریافت نمی‌کند، ناراضی هستند. اما، بی‌عدالتی به مراتب فراتر از این‌هاست. این بی‌عدالتی شامل است بر یک زندگی

فاقد رشد، وابسته و از نظر فرهنگی عقیم که زن، در حصار خانگی با انجام بیگاری ملال‌آور، سپری می‌کند.

زنان از کارهای اجتماعی‌شده که منجر به استقلال اقتصادی آن‌ها شود محروم شده‌اند؛ چنین کارهایی اساساً برای مردان در نظر گرفته شده است. ازدواج و خانواده به عنوان بهترین حرفه‌ای که یک زن واقعی می‌تواند داشته باشد محسوب می‌شود. وجود قوانین ارتجاعی مربوط به جلوگیری از بارداری و سقط موجب می‌شود که زنان خواه ناخواه بچه‌دار شوند، در شرایطی که مهدکودک وجود ندارد و هر زن باید بارِ بزرگ کردن بچه‌ها را شخصاً بر دوش بکشد.

طِبق گفته‌های کلیسا و حافظان شرایط موجود، جای زنان در خانه و وظیفه‌اش خدمت به شوهر و بچه‌هاست، چون خانواده همیشه وجود داشته است. اما، این واقعیت ندارد که زاد و ولد، که یک عملکرد طبیعی است، با خانواده که ساخت دست بشر است، یکی است. گرچه زنان همیشه بچه‌ها را زاد و ولد کرده‌اند، اما، همیشه در واحدهای بسته‌ای منزوی نبوده‌اند، به گونه‌ای که هر زن به شوهر و خانواده‌اش خدمت کند. حقه‌ی "خانواده‌ی جاودانی" فقط بیان غایی "نظریه‌ی زهدانِ" فرودستی زنان است.

نخستین تقسیم کار در میان زن و مرد، آن گونه که امروز متداول است، تقسیم کار میان زن و شوهر نبود، به گونه‌ای که مرد در بیرون از خانه اشتغال داشته باشد، در حالی که زن در خانه بماند و کارهای ملال‌آور خانه‌داری را انجام دهد. در جامعه‌ی بدوی، زن و مرد، هر دو، کار اجتماعی انجام می‌دادند. این کار میسر بود، چون نظام تولید کمونی آن‌ها با مواظبت و آموزش اجتماعی بچه‌ها توأم بود. دختر بچه‌ها را زنان بالغ برای مشاغل آینده‌شان تعلیم می‌دادند، در حالی که پسر بچه‌ها را در سنین خاصی به مردان بالغ می‌سپردند که مربی و قیم بچه‌ها می‌شدند.

هم زاد و ولد و هم بزرگ کردن بچه‌ها در ابتدا کارهای اجتماعی بودند و هم زنان آن را انجام می‌دادند و هم مردان. فقط در هنگام سقوط کمون مادرسالار و سقوط روابط مساوات‌طلبانه آن برای زن و مرد بود که زنان از تولید اجتماعی محروم و به بردگی خانگی گمارده شدند. در تقسیم کار جدید، مردان کنترل را در دست گرفتند.

تاریخ‌نویسان اغلب اشاره می‌کنند که همگام با پیدایش اقتصاد نوین مبتنی بر کشاورزی و دامپروری، تقسیم کارهای جدیدی پا به عرصه‌ی وجود گذاشتند و جایگزین تقسیم کار پیشین، مبتنی بر جنسیت، شدند. به عنوان مثال، دامپروری و لبنیات‌سازی از کشاورزی تفکیک شد؛ ریخته‌گری، ساختمان‌سازی، کشتی‌سازی، نساجی، سفالگری و سایر کارهای دستی به حرفه‌های تخصصی تبدیل شدند. همگام با این تقسیم کارها در صنایع دستی، تخصص‌هایی در حوزه‌های فرهنگی پدیدار شد، از کشیش تا شاعر و از دانشمند تا هنرمند.

نقش جنسیت‌ها در این فرآیند به شکل برجسته‌ای دگردیس شد. همگام با رشد و تکثیر انبوه این تقسیم کارها و زیر مجموعه‌های آن‌ها، کارها به طور روزافزونی در دست مردها متمرکز شد و در نهایت انحصاراً در دست مردان قرار گرفت. زنان از این گونه کارهای اجتماعی و فرهنگی کنار گذاشته شدند و آنان را به درون خانه و زندگی خانوادگی راندند. همراه با خیزش قدرت کلیسا و دولت، به زنان آموزش داده شد که تمام زندگی‌شان در چاردیواری خانه محصور باشد و بهترین زنان کسانی هستند که بدون هیچ گونه شکایتی در خدمت همسر و خانواده‌ی خود باشند. در این ارتقای مردان و تنزل مقام زنان، زن‌ها نه تنها از جایگاه پیشین تولید اجتماعی کنار گذاشته شدند، بلکه نظام پیشین که به طور اجتماعی از کودکان نگه‌داری می‌کرد نیز برچیده شد.

بدون شک، زنانِ طبقات محروم مردم، "مردم عامی"، همیشه کار

کرده‌اند. در دوران کشاورزی، که بسیار طولانی بود، آنان هم در مزارع و هم در صنایع خانگی اشتغال داشتند و همه‌ی این کارها را به همراه مواظبت از بچه‌ها و انجام کارهای خانه انجام می‌دادند. اما، کار کردن برای و به واسطه‌ی یک فرد، یعنی شوهر، خانه و خانواده، به هیچ وجه همسنگ اشتغال در کارهای اجتماعی در یک جامعه‌ی اشتراکی نیست. مشارکت در تولید اجتماعی باعث رشد ذهن و جسم می‌شود؛ انزوا و سرگرم شدن با کارهای ملال‌آور خانگی ذهن و جسم را تضعیف و افق دید انسان را محدود می‌کند.

به عبارت دیگر، تقسیم کار میان زن و مرد همیشه یکسان نبوده است. تقسیم کار مبتنی بر چیرگی مردان، که همراه با پیدایش جامعه‌ی طبقاتی، مالکیت خصوصی و خانواده‌ی مبتنی بر مردسالاری پدید آمد، بیانگر دستبرد عظیمی به زنان بود. امروزه، با کوچک شدن خانواده‌ی گسترده و مولد کشاورزی و تبدیل آن به خانواده‌ی خُرد، هسته‌ای و مصرفیِ عصر شهرنشینی، این مطلب بیشتر مصداق پیدا می‌کند.

مردود شمردن افسانه‌هایی که به ستم‌کشیدگی زن کمک کرده‌اند - از "نظریه‌ی زهدان" گرفته تا تبلیغات برای "خانواده‌ی ابدی" - صرفاً مسأله‌ی تصحیح علمی و تاریخی نیست. این کار عواقب ضمنی بنیادینی را برای جنبش آزادی زنان به همراه دارد. این بحث و جدل، که ساختار بدن زنان علت فرودستیِ اجتماعی آنان است، عمده‌ترین متاعی است که مردان برتری‌طلب در طَبَق فروش خود دارند. اگر ثابت شود که این موضع بی‌پایه است، آن گاه موقعیت آنان فرو خواهد ریخت.

جنس ماده در طبیعت، در مقایسه با جنس نر، هیچ گونه ناتوانی ناشی از ساختار بدنش ندارد. تنزل مقام زنان نیز ناشی از نقش مادرانه‌ی آنان در جوامع ماقبل طبقاتی نبود. آنان به خاطر عملکرد مرکب خود به عنوان تولیدگران- تولیدمثل کنندگان از بالاترین احترام برخوردار بودند.

بنابراین، موقعیت زنان در اجتماع در اثر شرایط متغیر تاریخی شکل گرفته و دگرگون شده است. دگردیسی بنیادینی که کمونیسم مادرسالارانه را سرنگون کرد، سقوط جنس مؤنث را نیز با خود به همراه آورد. همگام با خیزش جامعه‌ی طبقاتی پدرسالارانه بود که ساختار زیست‌شناختی (بیولوژیکی) زنان به یک مستمسک ایدئولوژیک برای توجیه و تداوم خلع ید از زنان در حیات اجتماعی و فرهنگی و نگه داشتن آنان در شرایط بردگی تبدیل شد.

فقط با درک این مطلب است که ما زنان می‌توانیم به علل انقیاد و فرودستی خود، که امروزه با ساختار نظام سرمایه‌داری گره خورده است، پی ببریم. مبارزه‌ی ما برای آزادی تا زمانی به تأخیر خواهد افتاد که بتوانند ما را گول بزنند و به ما بقبولانند که منشأ ستم‌کشیدگی ما طبیعت است، نه این جامعه.

یکی از پرچم‌هایی که زنان در یکی از تظاهرات اخیر حمل می‌کردند، این گونه اعلام می‌داشت: "ساختار بدن، سرنوشت زنان را تعیین نمی‌کند." این نیز باید در لوح جنبش فمینیستی ثبت شود.

یادداشت‌ها

۱. Frederick Engels, *The Origin of the Family, Private Property, and the State* (New York: Pathfinder Press, 1972).
کتاب مقاله‌ی انگلس را هم دربر می‌گیرد:
"The Part Played by Labour in the Transition from Ape to Man."

۲. *Scientific American,* September 1960.

۳. V. Gordon Childe, *What Happened in History* (Harmondsworth, Middlesex: Penguin, 1960), 27.

۴. E. Adamson Hoebel, *Man in the Primitive World: An Introduction to Anthropology* (London and New York: McGraw-Hill, 1949), 92.

۵. Karl Marx, *A Contribution to the Critique of Political Economy* (Chicago: Charles H. Kerr, 1904), 279.

۶. *Scientific American*, September 1960, p. 77.

۷. Solly Zukerman, *The Social Life of Monkeys and Apes* (London: Routledge and Kegan Paul, 1932), 69.

۸. Robert Ardrey, *African Genesis: A Personal Investigation into the Animal Origins and Nature of Man* (New York: Dell, 1963), 125.

۹. "The Myth of Women's Inferiority" in Evelyn Reed's *Problems of Women's Liberation* (New York: Pathfinder Press, 1970).

۱۰. *Scientific American,* September 1960.

۱۱. رجوع کنید به یادداشت شماره‌ی ۹.

۱۲. Robert Briffault, *The Mothers: A Study of the Origins of Sentiments and Institutions* (London: Allen and Unwin, 1952), vol. 2, p. 118.

۱۳. John Grahame Douglas Clark, *From Savagery to Civilization* (London: Corbett, 1946), vol. 1, p. 8.

۱۴. Elman R. Service, *Primitive Social Organization* (New York: Random House), 39.

۱۵. Bronislaw Malinowski, *The Sexual Life of Savages in North-Western Melanesia* (New York: Harcourt Brace, 1929), 3.

۱۶. همان ص ۵، ۶.

۱۷. همان ص ۴.

۱۸. E. Sidney Hartland, *Primitive Society: The Beginning of the Family and the Reckoning of Descent* (London: Menthuen, 1921), 34.

۱۹. Baldwin Spencer and F.J. Gillen, *The Native Tribes of Central Australia* (London: Macmillan, 1889), 195-96.

۲۰. Briffault, vol. 1, pp. 338-39.

۲۱. همان، ص ۳۱۶.

۲۲. Alexander Goldenweiser, *Anthropology: An Introduction to Primitive Culture* (London: Crofts, 1937), 365.

۲۳. Briffault, vol. 1, pp. 316-17.

۲۴. همان، ص۳۲۷.

۲۵. Kate Millet, *Sexual Politics* (New York: Doubleday, 1969), 46, 25.

۲۶. Shulamith Firestone, *The Dialectic of Sex: The Case for Feminist Revolution* (New York: William Morrow, 1970), 2, 82, 83.

۲۷. Lucy Mair, *An Introduction to Social Anthropology* (New York and Oxford: Oxford University Press, 1970), 83.

۲۸. *Up from Under*, January-February 1971.

نشر طلایه پُرسو منتشر کرده است

آیا سرنوشت زن را ساختار بدنش تعیین می‌کند؟
اثر: اِوِلین رید   مترجم: مسعود صابری   ۷۲ صفحه

آخرین نبرد لنین
سخنرانی‌ها و مقالات ۱۹۲۲-۱۹۲۳
اثر: ولادیمیر ایلیچ لنین   مترجم: حامد شمس   ۴۶۴ صفحه

کوبا و آنگولا: جنگ برای آزادی
هری وییه‌هاس "پومبو"
اثر: هری وییه‌هاس   مترجم: نرگس عمومی   ۱۶۸ صفحه

پیشینه‌ی ضد-طبقه-کارگری کلینتون‌ها
چرا واشنگتن از زحمتکشان می‌هراسد
اثر: جک بارنز   مترجم: شهره ایزدی   ۱۲۸ صفحه

آیا آن‌ها پولدارند چون باهوشند؟
طبقه، امتیاز و آموزش، تحت نظام سرمایه‌داری
اثر: جک بارنز   مترجم: افشین صدرایی   ۱۴۴ صفحه

آیا انقلاب سوسیالیستی در ایالات متحده امکان‌پذیر است؟ (ویراست جدید)
بحثی ضروری در میان زحمتکشان
اثر: ماری-آلیس واترز   مترجم: مسعود صابری   ۱۱۲ صفحه

پنج کوبایی از زندگی‌شان در درون طبقه‌ی کارگر آمریکا سخن می‌گویند

این تهیدستانند که با وحشیگری دستگاه 'عدالت' ایالات متحده رویارویند"

مترجم: شهره ایزدی ۱۶۸ صفحه

برنامه‌ی انتقالی برای انقلاب سوسیالیستی(چاپ دوم)

در عصر احتضار سرمایه‌داری

اثر: لئون تروتسکی مترجم: حامد شمس ۹۶ صفحه

محاکمه‌ی دولت آمریکا

پلیس سیاسی واشنگتن و طبقه‌ی کارگر

اثر: لری سیگل، فارل دابز، استیو کلارک مترجم: مسعود صابری ۱۸۴ صفحه

مبارزه‌ی طبقاتی و نبرد برای حقوق سیاهان

آنچه کارگران در ایالات متحده از بلشویک‌ها آموختند

اثر: جک بارنز مترجم: افشین صدرایی ۱۲۸ صفحه

مالکم ایکس، رهبر انقلابی طبقه‌ی کارگر

اثر: جك بارنز مترجم: افشین صدرایی ۲۰۸ صفحه

چهره‌ی در حال تغییر سیاست در ایالات متحده (چاپ دوم)

سیاست‌های طبقه‌ـ‌کارگری و اتحادیه‌ها

اثر: جك بارنز مترجم: شهره ایزدی ۲۴۰ صفحه

دو جهان در شب
میراث امپریالیسم و راه پیشرفت اجتماعی و فرهنگی
اثر: جک بارنز   مترجم: ناصر یکتا   ۱۶۰ صفحه

صفحاتی از تاریخ: زنان و انقلاب
اثر: ماری ـ آلیس واترز   مترجم: مسعود صابری   ۱۰۴ صفحه

تاریخ ما هنوز دارد نوشته می‌شود
روایت سه ژنرال چینی-کوبایی در انقلاب کوبا
مترجم: ناصر یکتا   ۳۲۰ صفحه

صداهایی از زندان
پنج کوبایی
مترجم: ناصر یکتا   ۱۱۲ صفحه

این پنج کوبایی
آن‌ها کیستند، چرا علیه‌شان پاپوش‌دوزی شد، چرا باید آزاد شوند
مترجم: ناصر یکتا   ۱۳۲ صفحه

من همانگونه خواهم مُرد که زیسته‌ام
۱۵ نقاشی آبرنگ از آنتونیو گوئررو
به مناسبت پانزدهمین سالروز زندانی شدن پنج کوبایی در ایالات متحده
مترجم: ناصر یکتا   ۴۰ صفحه

محاکمه‌ی سوسیالیسم (جلد اول)

شهادت در دادگاه ایالات متحده علیه اتهام شورش

اثر: جیمز پی کانن مترجم: مسعود صابری ۲۴۰ صفحه

محاکمه‌ی سوسیالیسم (جلد دوم)

سیاست دفاعی متهمین در دادگاه فدرال ایالات متحده

اثر: جیمز پی کانن مترجم: مسعود صابری ۱۶۰ صفحه

سرمایه‌داری و دگردیسی آفریقا

گزارش‌هایی از گینه‌ی استوایی

اثر: ماری-آلیس واترز، مارتین کُپل مترجم: مسعود صابری ۱۹۲ صفحه

انقلابی که به آن خیانت شد (چاپ دوم)

اتحاد شوروی چیست و به کجا می‌رود؟

اثر: لئون تروتسکی مترجم: مسعود صابری ۳۶۰ صفحه

اولین و دومین بیانیه‌ی هاوانا

مانیفست مبارزه‌ی انقلابی در قاره‌ی آمریکا، مصوب مجمع ملی مردم کوبا

مترجم: ناصر یکتا ۱۴۴ صفحه

تحول آن‌ها و تحول ما

اثر: جك بارنز مترجم: مسعود صابری ۱۲۸ صفحه

سرمایه‌داری و تخریب محیط زیست

اثر: جك بارنز، ماری ـ آلیس واترز و استیو کلارك
مترجم: حامد شمس ۸۰ صفحه

کوبا و انقلاب آینده آمریکا

اثر: جك بارنز مترجم: مسعود صابری ۱۷۶ صفحه

مالکم ایکس، نتایج و چشم‌انداز مبارزات سیاهان در ایالات متحده

ختم دیکتاتوری سرمایه، ختم نژادپرستی
اثر: جك بارنز مترجم: افشین صدرایی ۱۷۲ صفحه

زمستان داغِ طولانی سرمایه‌داری شروع شده است (چاپ دوم)

اثر: جكَ بارنز مترجم: مسعود صابری ۱۵۲ صفحه

مانیفست کمونیست (چاپ پنجم)

اثر: کارل مارکس، فردریك انگلس مترجم: مسعود صابری ۱۰۴ صفحه

سوسیالیسم: تخیلی و علمی (چاپ دوم)

با مقدمه‌ی جورج نوواك
اثر: فردریك انگلس مترجم: مسعود صابری ۱۲۸ صفحه

شورش تیمسترها (چاپ دوم)

فصلی از تاریخ اتحادیه‌ها در آمریکا
اثر: فارِل دابز مترجم: مسعود صابری ۳۴۸ صفحه

امپریالیسم، بالاترین مرحله‌ی سرمایه‌داری (چاپ دوم)
اثر: ولادیمیر ایلیچ لنین   مترجم: مسعود صابری   ۱۷۶ صفحه

ما وارثان انقلاب‌های جهان هستیم (چاپ چهارم)
سخنرانی‌هایی از انقلاب بورکینا فاسو، ۱۹۸۳-۱۹۸۷
اثر: توماس سانکارا   مترجم: مسعود صابری   ۱۱۲ صفحه

فمینیسم و جنبش مارکسیستی،
آیا سرنوشت زن را ساختار بدنش تعیین می کند؟ (چاپ سوم)
اثر: ماری- آلیس واترز، اولین رید   مترجم: مسعود صابری   ۱۲۰ صفحه

تروتسکی آن‌ها و تروتسکی ما (چاپ چهارم)
اثر: جک بارنز   مترجم: مسعود صابری   ۱۹۲ صفحه

نسل‌کُشی سرخپوستان (چاپ دوم)
نقش آن در صعود سرمایه‌داری در ایالات متحده
اثر: جورج نوواک   مترجم: مسعود صابری ۸۰ صفحه

امپریالیسم ایالات متحده جنگ سرد را باخته است (چاپ دوم)
اثر: جک بارنز   مترجم: مسعود صابری   ۳۰۴ صفحه

نظری گسترده بر تاریخ (چاپ سوم)
اثر: جورج نوواک   مترجم: مسعود صابری   ۸۰ صفحه

مارکسیسم و تروریسم (چاپ چهارم)
اثر: لئون تروتسکی مترجم: مسعود صابری ۶۴ صفحه

چشم‌انداز دگردیسی در آموزش (چاپ سوم)
خدعه‌ی اصلاح تعلیم و تربیت در سرمایه‌داری
اثر: جك بارنز مترجم: شهره ایزدی ۶۴ صفحه

پورتوریکو: مستعمره‌ی ایالات متحده (چاپ دوم)
«استقلال یك ضرورت است»
اثر: رافائل کانسل میراندا مترجم: سیاوش سماواتی ۹۶ صفحه

ساختن تاریخ (چاپ دوم)
مصاحبه با چهار ژنرال نیروهای مسلح انقلابی کوبا
مترجم: سروش محبی ۲۳۳ صفحه

تحول در دریا (چاپ سوم)
دگرگونی سیاسی در بطن ایالات متحده
اثر: جك بارنز مترجم: شهره ایزدی ۶۴ صفحه

ما بردگان تا به کجا آمده‌ایم! (چاپ پنجم)
آفریقای جنوبی و کوبا در دنیای امروز
اثر: نلسون ماندلا، فیدل کاسترو
مترجم: مسعود صابری ۱۱۲ صفحه

مالکم ایکس با جوانان سخن می‌گوید (چاپ دوم)

اثر: مالکم ایکس مترجم: مسعود صابری ۱۶۸ صفحه

اعتلای زن و انقلاب آفریقا (چاپ دوم)

اثر: توماس سانکارا مترجم: شهره ایزدی ۹۶ صفحه

گام‌های امپریالیسم به سوی فاشیسم و جنگ (چاپ سوم)

اثر: جك بارنز مترجم: شهره ایزدی ۱۹۶ صفحه

شلیك اولین توپ‌های جنگ جهانی سوم (چاپ سوم)

علل تهاجم واشنگتن علیه عراق

اثر: جك بارنز مترجم: شهره ایزدی ۲۲۴ صفحه

انسان و سوسیالیسم در کوبا (چاپ پنجم)

اثر: چه گوارا، فیدل کاسترو

مترجم: شهره ایزدی ۸۸ صفحه

برای مطالعه بیشتر

آیا آن‌ها پولدارند چون با هوشند؟
طبقه، امتیاز و آموزش، تحت نظام سرمایه‌داری
جک بارنز

این کتاب نابرابری‌های طبقاتی و تخاصمات ناشی از آن را که در ایالات متحده در حال گسترشند تشریح می‌کند، نابرابری‌ها و تخاصماتی که از بحران اقتصادی کُند-سوز جهانی ناشی می‌شود.... در نبردهای آینده که حاکمان سرمایه‌دار به ما تحمیل خواهند کرد، کارگران شروع خواهند کرد تا خودمان و برخوردهایمان به زندگی، کار و یکدیگر را متحول کنیم. تنها در چنان شرایطی است که به ارزش خودمان پی خواهیم برد و اینکه قابلیت داریم که چه بشویم.

پیشینه‌ی ضد-طبقه-کارگری کلینتون‌ها
چرا واشنگتن از زحمتکشان می‌هراسد
جک بارنز

هیلاری کلینتون، با تحقیر، کارگرانی را که حاضر نبودند به او رأی دهند، «رقت انگیزان» خواند. دونالد ترامپ که برنده شد، تلاش می‌کند بین مردم نقاق بیندازد – او عوامفریبانه مکزیکی‌ها، مسلمانان، اتحادیه‌گرایان، زنان و دیگران را هدف قرار داده است – در عین حال که دارد جیب‌های کارفرمایان را پر می‌کند .... انتخابات ۲۰۱۶ روشن کرد که برای نخستین بار طی ده‌ها سال، حاکمان ایالات متحده شروع کرده‌اند از طبقه کارگر بترسند.

آیا انقلاب سوسیالیستی در ایالات متحده امکان‌پذیر است؟
بحثی ضروری در میان زحمتکشان
ماری-آلیس واترز

«آری» ـ این پاسخی است که اینجا به سئوال آیا انقلاب سوسیالیستی در ایالات متحده امکان‌پذیر است؟ داده می‌شود. امکان‌پذیر است ـ اما، غیرقابل اجتناب نیست. آینده به ما بستگی دارد.

این کتاب ادای سهمی است به بحثی روزافزون در میان زحمتکشان سراسر جهان که در مواجهه با بحران‌های تشدید یابنده‌ی سرمایه‌داری و جنگ‌های رو به‌گسترش، در جستجوی راهی به‌جلو هستند.

ما بردگان تا به کجا آمده‌ایم!
نلسون ماندلا، فیدل کاسترو

طی این دو سخنرانی در سال ۱۹۹۱ نلسون ماندلا و فیدل کاسترو اهمیت تاریخی شکست ارتش مهاجم رژیم نژادپرست امپریالیسم آفریقای جنوبی را بدست رزمندگان کوبایی و آنگولایی توضیح می‌دهند. این شکست منجر به تشدید مبارزات انقلابی در آفریقای جنوبی و سرنگونی رژیم نژادپرست شد.

آخرین نبرد لنین
سخنرانی‌ها و مقالات ۱۹۲۲-۱۹۲۳
وی آی لنین

در سال‌های ۱۹۲۲ و ۱۹۲۳ لنین، رهبر مرکزی نخستین انقلاب سوسیالیستی جهان، نبردی را پیش برد که آخرین نبرد سیاسی‌اش شد. انقلاب در اکتبر سال ۱۹۱۷ کارگران و دهقانان را در امپراطوری سابق روسیه تزاری بر مسند قدرت نشانده بود و در این نبرد آنچه در معرض خطر بود، تداوم مسیر آن انقلاب و جنبش بین‌المللی بود که رهبریش می‌کرد. این کتاب مرجعی است جایگزین‌ناپذیر برای محققین و دیگران که می‌کوشند بفهمند چگونه قشری دارای مزایا تحت رهبری استالین قد علم کرد و پی‌آمدهایش برای مبارزه طبقاتی در قرون ۲۰ و ۲۱ چه بوده و چه خواهد بود.

اعتلای زن و انقلاب آفریقا
توماس سانکارا

توماس سانکارا، رهبر انقلاب بورکینا فاسو در این کتاب توضیح می‌دهد که "هیچ انقلاب اجتماعی اصیل بدون آزادی زنان میسر نیست." طی سال‌های ۱۹۸۳-۱۹۸۷ کارگران و دهقانان در آن کشور آفریقای غربی یک دولت مردمی انقلابی به وجود آوردند و شروع کردند به مبارزه علیه گرسنگی، بی‌سوادی و عقب‌افتادگی اقتصادی که تحت سلطه‌ی امپریالیسم به آن‌ها تحمیل شده بود.

انسان و سوسیالیسم در کوبا

چه‌گوارا، فیدل کاسترو

برپایه‌ی تجربیاتش بعنوان یک رهبر مرکزی انقلاب کوبا، چه‌گوارا توضیح می‌دهد که چطور تحول انقلابی روابط اجتماعی الزاماً با تحول زحمتکشان که آن فرایند را سازماندهی و رهبری می‌کنند عجین می‌شود. او می‌گوید "برای تکوین کمونیسم لازم است که همزمان با تکوین پایه‌های مادی، انسان نوین هم ساخته شود." بخش دوم کتاب شامل سخنرانی ۱۹۸۷ فیدل کاسترو در بیستمین سالگرد مرگ چه‌گورا است.

انقلابی که به آن خیانت شد

اتحاد شوروی چیست و به‌کجا می‌رود؟

لئون تروتسکی

در سال ۱۹۱۷ کارگران و دهقانان روسیه نیروی محرکه‌ی یک انقلاب عمیق اجتماعی در تاریخ بودند. با این‌همه ظرف ده‌سال یک ضدانقلاب سیاسی توسط قشری اجتماعی دارای مزایا، که جوزف استالین بیانگرش بود، داشت پی‌ریزی می‌شد. این بررسی کلاسیک درباره‌ی دولت کارگری شوروی و انحطاط انقلاب، ریشه‌های فروپاشی بوروکراسی شوروی و مشاجرات روزافزون درونی و بیرونی جمهوری‌های سابق اتحاد شوروی را روشن می‌کند.

www.talayeporsoo.com

سوسیالیسم: تخیلی و علمی
فردریک انگلس
با مقدمه‌ی جورج نوواک

در این کتاب سوسیالیسم بر پایه‌ای علمی نهاده شده است: ماحصل عملکرد قانونمند خود سرمایه‌داری و مبارزات طبقه کارگر. انگلس می‌نویسد، "اینکه انسان ارباب ساختار اجتماعی خودش بشود ـ یعنی آزاد شدنش ـ رسالت تاریخی پرولتاریای مدرن است. و اینکه شناختی کامل از شرایط و معنای این عمل خطیر به جنبش پرولتری تفهیم شود، رسالت سوسیالیسم علمی است."

فمینیسم و جنبش مارکسیستی
ماری-آلیس واترز

از نخستین روزهای پیدایش جنبش انقلابی کارگری در عصر جدید، مارکسیست‌ها از مبارزه برای احقاق حقوق زنان پشتیبانی پیگیر کرده و ریشه‌های اقتصادی ستم‌کشیدگی زنان در جامعه طبقاتی را توضیح داده‌اند.

مانیفست کمونیست

کارل مارکس، فردریک انگلس

"کمونیست‌ها هیچ‌گونه منافعی جدا و منفک از کل پرولتاریا ندارند. استنتاجات تئوریک کمونیست‌ها به‌هیچ‌وجه مبتنی بر ایده‌ها یا اصولی نیست که این یا آن مصلح جهانی نوخاسته کشف و یا اختراع کرده باشد. کمونیست‌ها، به‌طور عمومی، صرفاً مناسبات واقعی موجود را بیان می‌کنند؛ مناسبات ناشی از مبارزه‌ی طبقاتی موجود و جنبش تاریخی‌یی که درست در برابر چشمان ما در شُرُف وقوع است."

منشاء خانواده، مالکیت خصوصی و دولت

فردریک انگلس

با مقدمه اولین رید

ظهور جامعه‌ای که بر طبقات تقسیم شده بود، چگونه باعث پیدایش بدنه‌های سرکوبگر دولت و ساختارهای خانواده شد که از دارایی اقشار حاکم حفاظت می‌کنند و آنان را قادر می‌سازند که ثروت و امتیازات خود را حفظ کنند. انگلس پی‌آمدهای این نهادهای طبقاتی - از فرم اولیه‌شان، تا نوع مدرنشان - برای زحمتکشان را، زن و مرد، تشریح می‌کند.

WOMEN'S LIBERATION AND SOCIALISM

Cosmetics, Fashions, and the Exploitation of Women

Joseph Hansen, Evelyn Reed, Mary-Alice Waters

How big business plays on women's second-class status and economic insecurities to market cosmetics and rake in profits. And how the entry of millions of women into the workforce has irreversibly changed relations between women and men—for the better. $15. Also in Spanish and Farsi.

نشر گل آذین این کتاب را با اخذ کپی رایت از انتشارات پاث فایندر منتشر کرده است.

Woman's Evolution

From Matriarchal Clan to Patriarchal Family

Evelyn Reed

Assesses women's leading and still largely unknown contributions to the development of human civilization and refutes the myth that women have always been subordinate to men. "Certain to become a classic text in women's history."—*Publishers Weekly.* $32. Also in Farsi.

نشر گل آذین این کتاب را با اخذ کپی رایت از انتشارات پاث فایندر منتشر کرده است.

Abortion Is a Woman's Right!

Pat Grogan, Evelyn Reed

$6. Also in Spanish.

Communist Continuity and the Fight for Women's Liberation

Documents of the Socialist Workers Party, 1971–86

How did the oppression of women begin? Who benefits? What social forces have the power to end women's second-class status? 3 volumes, edited with preface by Mary-Alice Waters. $30

CUBA'S SOCIALIST REVOLUTION AND THE WORLD

Cuba and Angola: The War for Freedom

HARRY VILLEGAS ("POMBO")

The story of Cuba's unparalleled contribution to the fight to free Africa from the scourge of apartheid. And how, in the doing, Cuba's socialist revolution was strengthened. $10. Also in Spanish.

نشر طلایه پرسو این کتاب را با اخذ کپی رایت از انتشارات پاث فایندر منتشر کرده است.

Companion volume

Cuba and Angola

Fighting for Africa's Freedom and Our Own

FIDEL CASTRO, RAÚL CASTRO, NELSON MANDELA, OTHERS

$12. Also in Spanish.

How Far We Slaves Have Come!

South Africa and Cuba in Today's World

NELSON MANDELA, FIDEL CASTRO

$10. Also in Spanish and Farsi.

نشر طلایه پرسو این کتاب را با اخذ کپی رایت از انتشارات پاث فایندر منتشر کرده است.

Women in Cuba: The Making of a Revolution within the Revolution

VILMA ESPÍN, ASELA DE LOS SANTOS, YOLANDA FERRER

The integration of women into the ranks and leadership of the Cuban Revolution was inseparably intertwined with the proletarian course of the revolution from the start. This is the story of that revolution and how it transformed the women and men who made it. $20. Also in Spanish and Greek.

نشر طلایه پرسو بخش اول این کتاب را با اخذ کپی رایت از انتشارات پاث فایندر منتشر کرده است.

ALSO FROM PATHFINDER

Malcolm X, Black Liberation, and the Road to Workers Power

JACK BARNES

Drawing lessons from a century and a half of struggle, this book helps us understand why it is the revolutionary conquest of power by the working class that will make possible the final battle against class exploitation and racist oppression and open the way to a world based on human solidarity. A socialist world. $20. Also in Spanish, French, Farsi, Arabic, and Greek.

نشر طلایه پرسو این کتاب را با اخذ کپی رایت از انتشارات پاث فایندر منتشر کرده است.

The Communist Manifesto

KARL MARX AND FREDERICK ENGELS

Why communism is not a set of preconceived principles but the line of march of the working class toward power, "springing from an existing class struggle, a historical movement going on under our very eyes." The founding document of the modern revolutionary workers movement. $5. Also in Spanish, French, Farsi, and Arabic.

نشر طلایه پرسو این کتاب را با اخذ کپی رایت از انتشارات پاث فایندر منتشر کرده است.

Puerto Rico: Independence Is a Necessity

RAFAEL CANCEL MIRANDA

One of the five Puerto Rican Nationalists imprisoned by Washington for more than 25 years and released in 1979 speaks out on the brutal reality of US colonial domination, the example of Cuba's socialist revolution, and the ongoing struggle for independence. $6. Also in Spanish and Farsi.

نشر طلایه پرسو این کتاب را با اخذ کپی رایت از انتشارات پاث فایندر منتشر کرده است.

WWW.PATHFINDERPRESS.COM

U.S. Imperialism Has Lost the Cold War

JACK BARNES

The collapse of regimes across Eastern Europe and the USSR claiming to be communist did not mean workers and farmers there had been defeated. In today's sharpening capitalist conflicts and wars, these toilers have joined working people the world over in the class struggle against exploitation. In *New International* no. 11. $16. Also in Spanish, French, Farsi, and Greek.

نشر طلایه پرسو این کتاب را با اخذ کپی رایت از انتشارات پاث فایندر منتشر کرده است.

The Jewish Question

A Marxist Interpretation

ABRAM LEON

Traces the historical rationalizations of anti-Semitism to the fact that Jews became a "people-class" of merchants and moneylenders in the centuries before industrial capitalism. And how, in times of crisis, capitalists mobilize renewed Jew-hatred to incite reactionary forces and disorient working people about the true source of their impoverishment. $25. Also in Greek.

We Are Heirs of the World's Revolutions

Speeches from the Burkina Faso Revolution, 1983–87

THOMAS SANKARA

How peasants and workers in this West African country established a popular revolutionary government and began to fight hunger, illiteracy, and economic backwardness imposed by imperialist domination. They set an example not only for workers and small farmers in Africa, but their class brothers and sisters the world over. $10. Also in Spanish, French, and Farsi.

نشر طلایه پرسو این کتاب را با اخذ کپی رایت از انتشارات پاث فایندر منتشر کرده است.

Women and the Family

LEON TROTSKY

How the October 1917 Russian Revolution, the first victorious socialist revolution, transformed the fight for women's emancipation. Trotsky explains the Bolshevik government's steps to wipe out illiteracy, establish equality in economic and political life, set up child-care centers and public kitchens, guarantee the right to abortion and divorce, and more. $13

نشر لحظه این کتاب را با اخذ کپی رایت از
انتشارات پاث فایندر منتشر کرده است.

Women's Liberation and the African Freedom Struggle

THOMAS SANKARA

"There is no true social revolution without the liberation of women," explains the leader of the 1983–87 revolution in the West African country of Burkina Faso. $8. Also in Spanish, French, and Farsi.

نشر طلایه پرسو این کتاب را با اخذ کپی رایت از انتشارات پاث
فایندر منتشر کرده است.

Art and Revolution

Writings on Literature, Politics, and Culture

LEON TROTSKY

One of the outstanding revolutionary leaders of the 20th century examines the place and aesthetic independence of art, literature, and artistic expression in the struggle for a new, socialist society. $22

Is Biology Woman's Destiny?

by

Evelyn Reed

ISBN for original English version 978-0-87348-258-5
ISBN for Farsi version 978-964-5783-48-6
Fourteenth printing 2018

Translation by
Masoud Saberi

Farsi publisher:
Talaye Porsoo Publications
Tehran, P.O. Box 3955-343
www.talayeporsoo.com
info@talayeporsoo.com/ntalaye_p@yahoo.com

Is Biology Woman's Destiny?

by

Evelyn Reed

ISBN for original English version 978-0-87348-258-5

Fourteenth printing 2018

Pathfinder Press
www.pathfinderpress.com
pathfinder@pathfinderpress.com